Olympe de Gouges

Déclaration des droits de la femme et de la citoyenne

Appareil pédagogique par

Myriam Zaber

Professeure de Lettres

Lexique établi par

Christine Girodias-Majeune

MAGNARD

Présentation :
l'auteur, l'œuvre et son contexte

Déclaration des droits de la femme et de la citoyenne
d'Olympe de Gouges

Étude de l'œuvre : séances

Sommaire

Olympe de Gouges
(1748-1793)

Le 7 mai 1748 naît Marie Gouze à Montauban. Sa mère, Anne-Olympe Mouisset, mariée à Pierre Gouze, semble avoir conçu Marie avec son amant, le marquis Jean-Jacques Le Franc de Pompignan, futur académicien, qui ne reconnaîtra jamais sa fille supposée. À seize ans, Marie est mariée à Louis-Yves Aubry, dont elle a un fils, Pierre. Toutefois, suite à la mort prématurée de son mari, Marie se retrouve veuve,

Portrait d'Olympe de Gouges par Alexandre Kucharski, vers 1788

ce qui lui permet de bénéficier d'une liberté dont elle refusera désormais d'être privée. Elle adopte le pseudonyme d'Olympe de Gouges, devient la maîtresse de Jacques Biétrix de Rozières, quitte Montauban pour Paris. Son amant assure sa subsistance en vertu d'un contrat qu'ils signent tous deux devant notaire.

À Paris, Olympe de Gouges noue une amitié durable avec l'écrivain Louis-Sébastien Mercier, qui l'introduit dans les cercles littéraires et les salons mondains. Elle suit les cours de Condorcet et La Harpe et monte son propre petit théâtre privé.

Elle acquiert une certaine notoriété littéraire en publiant diverses pièces de théâtre, telles que *Zamore et Mirza ou l'Heureux Naufrage* (1785), *Le Mariage inattendu de Chérubin* (1786), inspirée du *Mariage de Figaro* de Beaumarchais, *L'Homme généreux* (1786), *Le Couvent ou Les Vœux forcés* (1790), mais aussi un roman épistolaire : *Mémoire de Madame de Valmont* (1788),

l'essai philosophique *Bonheur primitif de l'homme*, ou *Les Rêveries patriotiques* (1789) ou encore le conte oriental *Le Prince philosophe* (1792).

Les événements révolutionnaires la poussent à mettre sa plume au service de ses idées politiques, en rédigeant diverses brochures et affiches, placardées sur les murs. Elle y défend la cause du peuple, des Noirs, des femmes. En décembre 1792, plaidant pour une monarchie constitutionnelle, elle propose de défendre elle-même le roi Louis XVI lors de son procès, ce qui lui vaut d'être violemment menacée par des sans-culottes. En 1793, dans le conflit entre Girondins et Montagnards, elle prend parti pour les Girondins dans une brochure intitulée *Testament politique d'Olympe de Gouge*s. Elle est arrêtée en juillet 1793 pour une affiche qu'elle n'a pas eu le temps de placarder, *Les Trois urnes*, jugée antirépublicaine. Emprisonnée, elle se défend dans une adresse au Tribunal révolutionnaire et s'en prend violemment à Robespierre qu'elle qualifie de « lâche ennemi ». Elle meurt sur l'échafaud le 3 novembre 1793.

Voici le portrait qu'elle dresse d'elle-même dans une brochure intitulée *Pronostic sur Maximilien Robespierre par un animal amphibie* et signée de l'anagramme « Polyme », en novembre 1792 : « Je suis un animal sans pareil ; je ne suis ni homme ni femme. J'ai tout le courage de l'un, et quelquefois les faiblesses de l'autre. Je possède l'amour de mon prochain et la haine de moi seul. Je suis fier, simple, loyal et sensible. Dans mes discours, on trouve toutes les vertus de l'égalité ; dans ma physionomie, les traits de la liberté ; et dans mon nom, quelque chose de céleste. »

En 2013, il a été question de faire entrer Olympe de Gouges au Panthéon et son nom figure toujours parmi les candidats à la panthéonisation aujourd'hui.

Déclaration des droits de la femme et de la citoyenne (1791)

Olympe de Gouges a pris fait et cause pour les droits des femmes bien avant la rédaction de sa *Déclaration des droits de la femme et de la citoyenne*. Dès 1786, dans la préface de son drame *L'Homme généreux*, elle écrit : « Voilà comme notre sexe est exposé. Les hommes ont tous les avantages…. On nous a exclues de tout pouvoir, de tout savoir. » Dans son théâtre, elle dénonce la condition des femmes à son époque : elle s'attaque notamment au mariage forcé (*Le Mariage inattendu de Chérubin*, 1786) et à la prise du voile sous contrainte (*Le Couvent ou Les Vœux forcés*, 1790) ; elle réclame le droit au divorce (*La Nécessité du divorce*, 1790). Dans ses diverses brochures, elle s'émeut du sort réservé aux filles-mères et aux enfants nés hors mariage ; elle plaide pour la création de « Maisons de charité » destinées à permettre aux femmes les plus démunies d'accoucher dans des conditions d'hygiène satisfaisantes. S'adressant à « [s]es très chères sœurs » dans *Préface pour les Dames ou Le Portrait des femmes* (1788), elle en appelle également à la solidarité entre femmes.

Dès 1789, Olympe de Gouges clame : « La femme prétend jouir de la Révolution et réclamer ses droits à l'égalité. » Ainsi, sa *Déclaration des droits de la femme et de la citoyenne*, rédigée en 1791, s'inscrit-elle dans un combat mené tout au long de sa vie pour les droits des femmes. Ce texte, adressé à une femme, la reine Marie-Antoinette, qu'elle invite à s'associer à une si noble cause, reprend les articles de la *Déclaration des droits de l'homme et du citoyen* de 1789, pour y associer nommément les femmes. Si le texte n'a eu aucun retentissement en son temps, il est devenu un véritable manifeste pour les féministes d'aujourd'hui et Olympe de Gouges fait figure de pionnière dans l'histoire des droits de la femme.

Jean-Jacques-François Le Barbier, *La Déclaration des droits de l'homme et du citoyen*, 1789, huile sur panneau de bois, musée Carnavalet, Paris.

Présentation : l'auteur, l'œuvre et son contexte

Le contexte historique et culturel

L'année 1791 marque un tournant dans la Révolution française. La tentative de fuite du roi Louis XVI et de sa famille, arrêtés à Varenne le 21 juin, exacerbe l'hostilité à l'égard de la personne royale et provoque le 17 juillet une émeute, violemment réprimée par la Garde nationale. La crainte d'un complot antirévolutionnaire orchestré depuis les pays voisins envenime la situation. Les révolutionnaires eux-mêmes commencent à se diviser : les plus radicaux, appartenant au Club des Jacobins, parmi lesquels Robespierre, réclament la destitution du roi.

Contexte historique

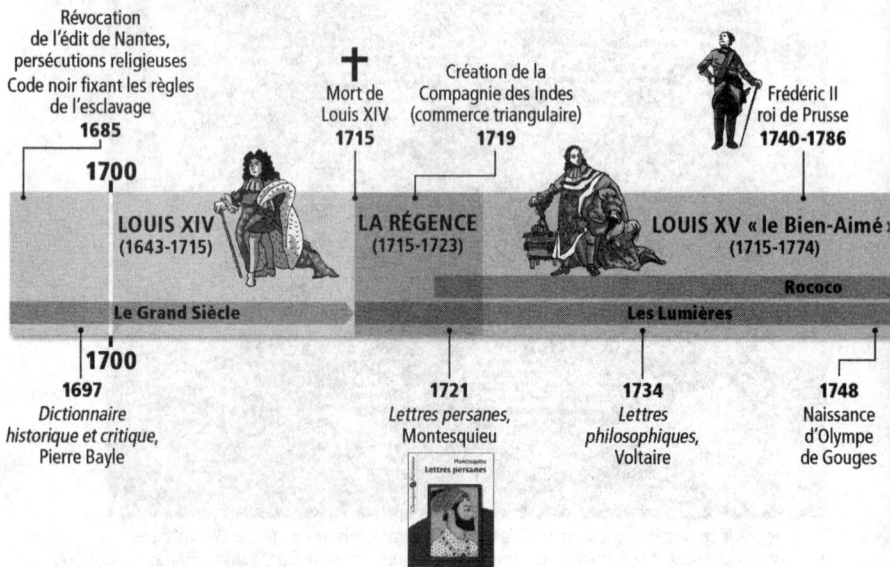

Révocation
de l'édit de Nantes,
persécutions religieuses
Code noir fixant les règles
de l'esclavage
1685

1700

✝ Mort de
Louis XIV
1715

Création de la
Compagnie des Indes
(commerce triangulaire)
1719

Frédéric II
roi de Prusse
1740-1786

LOUIS XIV
(1643-1715)

LA RÉGENCE
(1715-1723)

LOUIS XV « le Bien-Aimé »
(1715-1774)

Rococo

Le Grand Siècle

Les Lumières

1700

1697
*Dictionnaire
historique et critique,*
Pierre Bayle

1721
Lettres persanes,
Montesquieu

1734
*Lettres
philosophiques,*
Voltaire

1748
Naissance
d'Olympe
de Gouges

Contexte culturel

Finalement, en septembre 1791, après de nombreux débats et au terme d'une longue rédaction, l'Assemblée vote la Constitution, qui s'appuie sur la *Déclaration des droits de l'homme et du citoyen* de 1789 et établit une monarchie constitutionnelle. Le roi accepte la Constitution et lui jure fidélité. Cet événement est perçu comme un aboutissement et un signe de paix et de réconciliation au sein de la nation. L'amnistie générale pour les révolutionnaires et de contre-révolutionnaires est proclamée par décret.

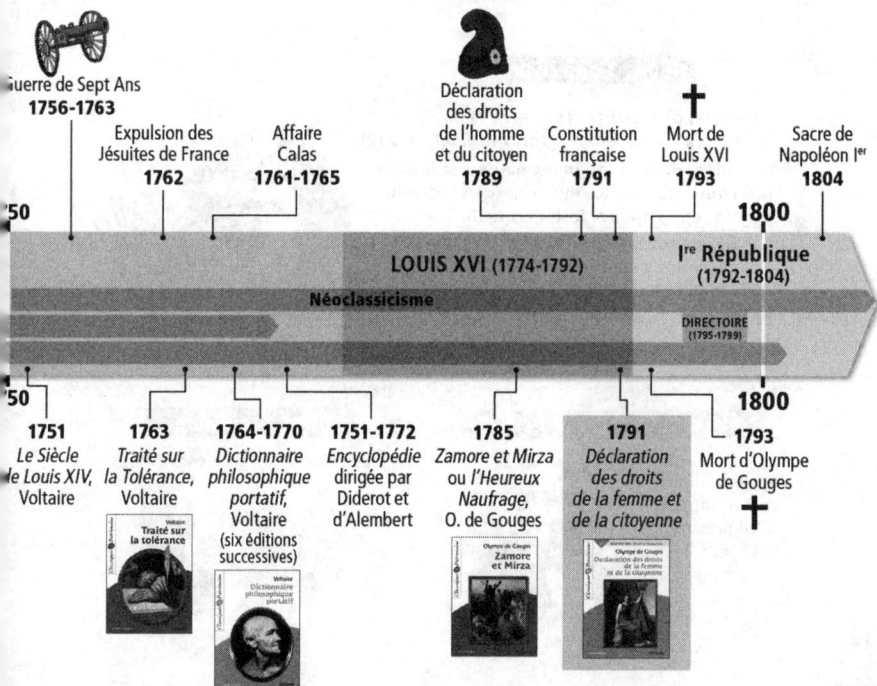

Guerre de Sept Ans
1756-1763

Expulsion des
Jésuites de France
1762

Affaire
Calas
1761-1765

Déclaration
des droits
de l'homme
et du citoyen
1789

Constitution
française
1791

Mort de
Louis XVI
1793

Sacre de
Napoléon Ier
1804

50　　　　　　　　　　　　　　　　　　　　　　　　　　**1800**

LOUIS XVI (1774-1792)

Ire **République**
(1792-1804)

Néoclassicisme

DIRECTOIRE
(1795-1799)

50　　　　　　　　　　　　　　　　　　　　　　　　　　**1800**

1751
*Le Siècle
de Louis XIV,*
Voltaire

1763
*Traité sur
la Tolérance,*
Voltaire

1764-1770
*Dictionnaire
philosophique
portatif,*
Voltaire
(six éditions
successives)

1751-1772
Encyclopédie
dirigée par
Diderot et
d'Alembert

1785
*Zamore et Mirza
ou l'Heureux
Naufrage,*
O. de Gouges

1791
*Déclaration
des droits
de la femme et
de la citoyenne*

1793
Mort d'Olympe
de Gouges

9

Les droits des femmes en France

XVIIIe siècle

1789 – Déclaration des droits de l'homme et du citoyen

En réaction, Olympe de Gouges écrit, en 1791, la *Déclaration des droits de la femme et de la citoyenne*.

« La femme naît libre et demeure égale à l'homme en droits. »

O. de Gouges

XIXe siècle

1804 – Code civil

« *Le mari doit protection à sa femme, la femme obéissance à son mari.* » (art. 213)

Le Code civil prive la femme mariée de droits juridiques, comme les mineurs et les individus atteints de démence, jusqu'en 1938.

G. Sand dénonce « l'injustice et la barbarie des lois qui régissent encore l'existence de la femme dans le mariage, dans la famille et la société. » (*Indiana*, 1832)

1881 – Lois Jules Ferry

L'école primaire est rendue obligatoire pour les filles comme les garçons.

1884 – Loi Falloux

Le droit de divorce est rétabli.

depuis Olympe de Gouges

XXᵉ siècle

1944 – Ordonnance accordant le droit de vote et l'éligibilité aux femmes

Les femmes votent pour la première fois en 1945 (élections municipales).

1946 – Préambule de la Constitution

« La loi garantit à la femme, dans tous les domaines, des droits égaux à ceux de l'homme. »

1965

Droit pour les femmes mariées d'exercer une activité professionnelle sans l'autorisation de leur mari.

1967 – Loi Neuwirth

Légalisation de la contraception.

1971 « Manifeste des 343 »
343 femmes célèbres déclarent avoir avorté illégalement.

1972 « Procès de Bobigny »
(plaidoirie de Gisèle Halimi)

→

1975 – Loi Veil

Légalisation de l'interruption volontaire de grossesse (IVG).

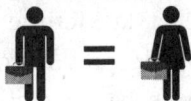

1983

Loi sur l'égalité professionnelle entre hommes et femmes.

XXIᵉ siècle

2000

Loi en faveur de l'accès égal des femmes et des hommes aux mandats électoraux et fonctions électives.

2017

Mouvement #MeToo dénonçant les agressions sexuelles et le harcèlement.

2018

Loi renforçant la lutte contre les violences sexuelles.

Olympe de Gouges

À la Reine[1]

Madame,

Peu faite[2] au langage que l'on tient aux Rois, je n'emploierai point l'adulation[3] des courtisans pour vous faire hommage[4] de cette singulière production. Mon but, Madame, est de vous
5 parler franchement ; je n'ai pas attendu, pour m'exprimer ainsi, l'époque de la liberté : je me suis montrée avec la même énergie dans un temps où l'aveuglement des despotes[5] punissait une si noble audace.

Lorsque tout l'Empire[6] vous accusait et vous rendait res-
10 ponsable de ses calamités[7], moi seule, dans un temps de trouble et d'orage, j'ai eu la force de prendre votre défense. Je n'ai jamais pu me persuader qu'une princesse, élevée au sein des grandeurs, eût tous les vices de la bassesse.

Oui, Madame, lorsque j'ai vu le glaive levé sur vous, j'ai
15 jeté mes observations entre ce glaive et la victime ; mais aujourd'hui que je vois qu'on observe de près la foule de mutins[8] soudoyée[9], et qu'elle est retenue par la crainte des

---

Vocabulaire et références
1. *La Reine* : Marie-Antoinette d'Autriche (1755-1793), épouse de Louis XVI, reine de France de 1774 à 1791, puis reine des Français de 1791 à 1792.
2. *Peu faite* : peu habituée.
3. *Adulation* : ton d'adoration.
4. *Faire hommage* : faire don.
5. *Despotes* : souverains régnant avec une autorité absolue.
6. *Empire* : désigne ici la nation française.
7. *Ses calamités* : Olympe de Gouges fait allusion à l'hostilité des Français pour leur reine, qu'ils accusent d'être dépensière et méprisante, et qu'ils soupçonnent de comploter contre la Révolution.
8. *Mutins* : insurgés.
9. *Soudoyée* : payée pour servir une cause.

Déclaration des droits de la femme et de la citoyenne

lois, je vous dirai, Madame, ce que je ne vous aurais pas dit alors.

20 Si l'étranger porte le fer en France[1], vous n'êtes plus à mes yeux cette reine faussement inculpée[2], cette reine intéressante, mais une implacable ennemie des Français. Ah ! Madame, songez que vous êtes mère et épouse ; employez tout votre crédit[3] pour le retour des princes[4]. Ce crédit, si sagement appli-

25 qué, raffermit la couronne du père, la conserve au fils, et vous réconcilie l'amour des Français. Cette digne négociation est le vrai devoir d'une reine. L'intrigue, la cabale[5], les projets sanguinaires précipiteraient votre chute, si l'on pouvait vous soupçonner capable de semblables desseins.

30 Qu'un plus noble emploi[6], Madame, vous caractérise, excite votre ambition, et fixe vos regards. Il n'appartient qu'à celle que le hasard a élevée à une place éminente[7], de donner du poids à l'essor des droits de la femme, et d'en accélérer les succès. Si vous étiez moins instruite, Madame, je pourrais

35 craindre que vos intérêts particuliers ne l'emportassent sur ceux de votre sexe. Vous aimez la gloire : songez, Madame, que les plus grands crimes s'immortalisent comme les plus grandes vertus ; mais quelle différence de célébrité dans les

---

Vocabulaire et références
1. *Si l'étranger porte le fer en France* : les Révolutionnaires soupçonnent Marie-Antoinette de préparer une contre-révolution armée avec l'aide de son frère, l'empereur du Saint-Empire romain germanique.
2. *Inculpée* : accusée.
3. *Crédit* : influence.
4. *Le retour des princes :* les grands seigneurs de France se sont exilés dans les pays voisins et les révolutionnaires craignent qu'ils ne préparent une contre-révolution.
5. *Cabale* : complot.
6. *Emploi* : projet.
7. *Éminente* : élevée.

fastes[1] de l'histoire ! l'une est sans cesse prise pour exemple,
40 et l'autre est éternellement l'exécration[2] du genre humain.

On ne vous fera jamais un crime de travailler à la restauration des mœurs, à donner à votre sexe toute la consistance[3] dont il est susceptible. Cet ouvrage n'est pas le travail d'un jour, malheureusement pour le nouveau régime. Cette
45 révolution ne s'opérera que quand toutes les femmes seront pénétrées[4] de leur déplorable sort, et des droits qu'elles ont perdus dans la société. Soutenez, Madame, une si belle cause ; défendez ce sexe malheureux, et vous aurez bientôt pour vous une moitié du royaume, et le tiers au moins de l'autre.
50 Voilà, Madame, voilà par quels exploits vous devez vous signaler[5] et employer votre crédit. Croyez-moi, Madame, notre vie est bien peu de chose, surtout pour une Reine, quand cette vie n'est pas embellie par l'amour des peuples, et par les charmes éternels de la bienfaisance.
55 S'il est vrai que des Français arment contre leur patrie toutes les puissances[6] ; pourquoi ? pour de frivoles prérogatives[7], pour des chimères. Croyez, Madame, si j'en juge par ce que je sens, le parti monarchique se détruira de lui-même, qu'il abandonnera tous les tyrans, et tous les cœurs se rallie-
60 ront autour de la Patrie pour la défendre.

Vocabulaire
1. *Fastes* : magnificences.
2. *Exécration* : objet de haine.
3. *Consistance* : importance.
4. *Pénétrées* : convaincues.
5. *Vous signaler* : vous faire remarquer.
6. *Les puissances* : allusion aux monarchistes qui tentent de fomenter une contre-révolution en demandant de l'aide aux souverains étrangers.
7. *Prérogatives* : privilèges.

Déclaration des droits de la femme et de la citoyenne

Voilà, Madame, voilà quels sont mes principes. En vous parlant de ma patrie, je perds de vue le but de cette dédicace. C'est ainsi que tout bon citoyen sacrifie sa gloire, ses intérêts, quand il n'a pour objet que ceux de son pays.

65 Je suis avec le plus profond respect, Madame, votre très humble et très obéissante servante,

De Gouges.

LES DROITS DE LA FEMME

Homme, es-tu capable d'être juste ? C'est une femme qui t'en fait la question ; tu ne lui ôteras pas du moins ce droit. 70 Dis-moi ? qui t'a donné le souverain empire[1] d'opprimer mon sexe ? ta force ? tes talents ? Observe le créateur dans sa sagesse ; parcours la nature dans toute sa grandeur, dont tu sembles vouloir te rapprocher, et donne-moi, si tu l'oses, l'exemple de cet empire tyrannique.[2]

75 Remonte aux animaux, consulte les éléments, étudie les végétaux, jette enfin un coup d'œil sur toutes les modifications de la matière organisée ; et rends-toi à l'évidence quand

---

Vocabulaire et référence
1. *Empire* : pouvoir.
2. « De Paris au Pérou, du Japon jusqu'à Rome, Le plus sot animal, à mon avis, c'est l'homme » (note d'Olympe de Gouges), citation empruntée à une satire de Boileau intitulée « De l'homme » (1667).

je t'en offre les moyens ; cherche, fouille et distingue, si tu le peux, les sexes dans l'administration[1] de la nature. Partout
80 tu les trouveras confondus, partout ils coopèrent avec un ensemble harmonieux à ce chef-d'œuvre immortel.

L'homme seul s'est fagoté[2] un principe de cette exception. Bizarre, aveugle, boursouflé de sciences et dégénéré[3], dans ce siècle de lumières et de sagacité[4], dans l'ignorance la
85 plus crasse[5], il veut commander en despote sur un sexe qui a reçu toutes les facultés intellectuelles ; il prétend jouir de la Révolution, et réclamer ses droits à l'égalité, pour ne rien dire de plus.

DÉCLARATION DES DROITS DE LA FEMME ET DE LA CITOYENNE

À décréter par l'Assemblée nationale dans ses dernières
90 séances ou dans celle de la prochaine législature.

Préambule

Les mères, les filles, les sœurs, représentantes de la nation, demandent d'être constituées en Assemblée nationale. Considérant que l'ignorance, l'oubli ou le mépris des droits

---

Vocabulaire
1. *Administration* : organisation.
2. *Fagoté* : composé artificiellement.
3. *Dégénéré* : qui a perdu sa pureté originelle.
4. *Sagacité* : intelligence.
5. *Crasse* : malpropre, indigne.

Déclaration des droits de la femme et de la citoyenne

de la femme sont les seules causes des malheurs publics et de
95 la corruption des gouvernements, ont[1] résolu d'exposer dans
une déclaration solennelle, les droits naturels, inaliénables[2] et
sacrés de la femme, afin que cette déclaration, constamment
présente à tous les membres du corps social, leur rappelle sans
cesse leurs droits et leurs devoirs, afin que les actes du pou-
100 voir des femmes, et ceux du pouvoir des hommes pouvant
être à chaque instant comparés avec le but de toute institution politique, en soient plus respectés, afin que les réclamations des citoyennes, fondées désormais sur des principes
simples et incontestables, tournent toujours au maintien de
105 la Constitution, des bonnes mœurs, et au bonheur de tous.

En conséquence, le sexe supérieur en beauté comme en
courage dans les souffrances maternelles, reconnaît et déclare,
en présence et sous les auspices[3] de l'Être suprême[4], les Droits
suivants de la femme et de la citoyenne.

Article premier
110 La femme naît libre et demeure égale à l'homme en droits.
Les distinctions sociales ne peuvent être fondées que sur l'utilité commune.

Vocabulaire
1. *Ont* : le sujet implicite est « les mères, les filles, les sœurs ».
2. *Inaliénables* : qui ne peuvent être ôtés.
3. *Auspices* : protection.
4. *Être suprême* : entité sacrée à laquelle les Révolutionnaires vouent un culte.

Olympe de Gouges

II

Le but de toute association politique est la conservation des droits naturels et imprescriptibles[1] de la femme et de l'homme : ces droits sont la liberté, la propriété, la sûreté[2], et surtout la résistance à l'oppression.

III

Le principe de toute souveraineté réside essentiellement dans la nation, qui n'est que la réunion de la femme et de l'homme : nul corps, nul individu, ne peut exercer d'autorité qui n'en émane[3] expressément.

IV

La liberté et la justice consistent à rendre tout ce qui appartient à autrui ; ainsi l'exercice des droits naturels de la femme n'a de bornes[4] que la tyrannie perpétuelle que l'homme lui oppose ; ces bornes doivent être réformées par les lois de la nature et de la raison.

V

Les lois de la nature et de la raison défendent toutes actions nuisibles à la société : tout ce qui n'est pas défendu par ces lois, sages et divines, ne peut être empêché, et nul ne peut être contraint à faire ce qu'elles n'ordonnent pas.

Vocabulaire
1. *Imprescriptibles* : qui ne peuvent être supprimés.
2. *Sûreté* : sécurité.
3. *Émane* : provienne.
4. *Bornes* : limites.

Déclaration des droits de la femme et de la citoyenne

VI

130 La loi doit être l'expression de la volonté générale ; toutes les citoyennes et citoyens doivent concourir personnellement, ou par leurs représentants, à sa formation ; elle doit être la même pour tous : toutes les citoyennes et tous les citoyens, étant égaux à ses yeux, doivent être également admissibles à 135 toutes dignités[1], places et emplois publics, selon leurs capacités, et sans autres distinctions que celles de leurs vertus et de leurs talents.

VII

Nulle femme n'est exceptée ; elle est accusée, arrêtée, et détenue dans les cas déterminés par la loi. Les femmes 140 obéissent comme les hommes à cette loi rigoureuse.

VIII

La loi ne doit établir que des peines strictement et évidemment nécessaires, et nul ne peut être puni qu'en vertu d'une loi établie et promulguée antérieurement au délit et légalement appliquée aux femmes.

IX

145 Toute femme étant déclarée coupable, toute rigueur est exercée par la loi.

Vocabulaire
1. *Dignités* : charges ou fonctions.

X

Nul ne doit être inquiété pour ses opinions mêmes fonda-
mentales, la femme a le droit de monter sur l'échafaud ; elle
doit avoir également celui de monter à la tribune[1] ; pourvu
150 que ses manifestations ne troublent pas l'ordre public établi
par la loi.

XI

La libre communication des pensées et des opinions est
un des droits les plus précieux de la femme, puisque cette
liberté assure la légitimité des pères envers les enfants. Toute
155 citoyenne peut donc dire librement, *je suis mère d'un enfant
qui vous appartient,* sans qu'un préjugé barbare la force à dissimuler la vérité ; sauf à répondre de l'abus de cette liberté dans
les cas déterminés par la loi.

XII

La garantie des droits de la femme et de la citoyenne néces-
160 site une utilité majeure ; cette garantie doit être instituée pour
l'avantage de tous, et non pour l'utilité particulière de celles
à qui elle est confiée.

XIII

Pour l'entretien de la force publique, et pour les dépenses
d'administration, les contributions de la femme et de l'homme
165 sont égales ; elle a part à toutes les corvées, à toutes les tâches

---

Vocabulaire
1. *Tribune* : estrade sur laquelle monte un orateur pour défendre ses idées.

Déclaration des droits de la femme et de la citoyenne

pénibles ; elle doit donc avoir de même part à la distribution des places, des emplois, des charges, des dignités et de l'industrie[1].

XIV

Les citoyennes et citoyens ont le droit de constater par eux-mêmes, ou par leurs représentants, la nécessité de la contribution publique[2]. Les citoyennes ne peuvent y adhérer que par l'admission d'un partage égal, non seulement dans la fortune, mais encore dans l'administration publique, et de déterminer la quotité[3], l'assiette[4], le recouvrement[5] et la durée de l'impôt.

XV

La masse des femmes, coalisée[6] pour la contribution[7] à celle des hommes, a le droit de demander compte, à tout agent public, de son administration[8].

XVI

Toute société, dans laquelle la garantie des droits n'est pas assurée, ni la séparation des pouvoirs déterminée, n'a point de Constitution ; la constitution est nulle, si la majorité des individus qui composent la nation, n'a pas coopéré à sa rédaction.

Vocabulaire
1. *Industrie* : travail.
2. *La contribution publique* : il s'agit de l'impôt.
3. *Quotité* : montant.
4. *Assiette* : montant servant de base au calcul de l'impôt.
5. *Recouvrement* : prélèvement.
6. *Coalisée* : réunie.
7. *La contribution* : il s'agit de la contribution publique.
8. *Administration* : utilisation de l'argent public.

XVII

Les propriétés sont à tous les sexes réunis ou séparés ; elles ont pour chacun un droit inviolable et sacré ; nul ne peut en être privé comme vrai patrimoine de la nature, si ce n'est
185 lorsque la nécessité publique, légalement constatée, l'exige évidemment, et sous la condition d'une juste et préalable indemnité.

Postambule

Femme, réveille-toi ; le tocsin[1] de la raison se fait entendre dans tout l'univers ; reconnais tes droits. Le puissant empire
190 de la nature n'est plus environné de préjugés, de fanatisme, de superstition et de mensonges. Le flambeau de la vérité a dissipé tous les nuages de la sottise et de l'usurpation[2]. L'homme esclave a multiplié ses forces, a eu besoin de recourir aux tiennes pour briser ses fers. Devenu libre, il est devenu
195 injuste envers sa compagne. Ô femmes ! femmes, quand cesserez-vous d'être aveugles ? Quels sont les avantages que vous avez recueillis dans la Révolution ? Un mépris plus marqué, un dédain plus signalé. Dans les siècles de corruption vous n'avez régné que sur la faiblesse des hommes. Votre empire
200 est détruit ; que vous reste-t-il donc ? la conviction des injustices de l'homme. La réclamation de votre patrimoine, fondée sur les sages décrets de la nature ; qu'auriez-vous à redouter pour une si belle entreprise[3] ? le bon mot du Législateur des

---

Vocabulaire
1. *Tocsin* : sonnerie de cloches donnant l'alarme.
2. *Usurpation* : dépossession.
3. *Entreprise* : projet.

noces de Cana[1] ? Craignez-vous que nos législateurs fran-
205 çais, correcteurs de cette morale[2], longtemps accrochée aux
branches de la politique, mais qui n'est plus de saison, ne
vous répètent : femmes, qu'y a-t-il de commun entre vous et
nous ? Tout, auriez-vous à répondre. S'ils s'obstinaient, dans
leur faiblesse, à mettre cette inconséquence[3] en contradiction
210 avec leurs principes ; opposez courageusement la force de la
raison aux vaines prétentions de supériorité ; réunissez-vous
sous les étendards de la philosophie ; déployez toute l'énergie
de votre caractère, et vous verrez bientôt ces orgueilleux, non
serviles adorateurs rampant à vos pieds, mais fiers de partager
215 avec vous les trésors de l'Être Suprême. Quelles que soient les
barrières que l'on vous oppose, il est en votre pouvoir de les
affranchir ; vous n'avez qu'à le vouloir. Passons maintenant à
l'effroyable tableau de ce que vous avez été dans la société ; et
puisqu'il est question, en ce moment, d'une éducation natio-
220 nale, voyons si nos sages législateurs penseront sainement sur
l'éducation des femmes.

Les femmes ont fait plus de mal que de bien. La contrainte
et la dissimulation ont été leur partage[4]. Ce que la force leur
avait ravi, la ruse leur a rendu ; elles ont eu recours à toutes
225 les ressources de leurs charmes, et le plus irréprochable ne
leur résistait pas. Le poison, le fer, tout leur était soumis ; elles

---

Vocabulaire et référence
1. *Noces de Cana* : allusion irrévérencieuse au Christ, qui, dans l'épisode biblique
des « Noces de Cana » (*Évangile selon saint Jean*), dit à sa mère : « Que me veux-tu,
femme ? »
2. *Cette morale* : il s'agit de la religion catholique.
3. *Inconséquence* : incohérence.
4. *Partage* : attribut.

commandaient au crime comme à la vertu. Le gouvernement français, surtout, a dépendu, pendant des siècles, de l'administration nocturne des femmes[1] ; le cabinet[2] n'avait point de
230 secret pour leur indiscrétion ; ambassade, commandement, ministère, présidence, pontificat[3], cardinalat ; enfin tout ce qui caractérise la sottise des hommes, profane et sacré[4], tout a été soumis à la cupidité[5] et à l'ambition de ce sexe autrefois méprisable et respecté, et depuis la Révolution, respectable et
235 méprisé.

Dans cette sorte d'antithèse[6], que de remarques n'ai-je point à offrir ! je n'ai qu'un moment pour les faire, mais ce moment fixera l'attention de la postérité[7] la plus reculée. Sous l'Ancien Régime, tout était vicieux, tout était coupable, mais
240 ne pourrait-on pas apercevoir l'amélioration des choses dans la substance même des vices ? Une femme n'avait besoin que d'être belle ou aimable ; quand elle possédait ces deux avantages, elle voyait cent fortunes à ses pieds. Si elle n'en profitait pas, elle avait un caractère bizarre, ou une philosophie
245 peu commune, qui la portait au mépris des richesses ; alors elle n'était plus considérée que comme une mauvaise tête ; la plus indécente se faisait respecter avec de l'or ; le commerce

---

Vocabulaire et référence
1. Allusion à l'influence que les femmes ont pu exercer sur leurs époux et amants.
2. *Cabinet* : pièce retirée où se font les affaires.
3. « M. de Bernis, de la façon de madame de Pompadour. » (note d'Olympe de Gouges) Madame de Pompadour, favorite du roi Louis XV, a permis à son ami M. de Bernis d'entrer en politique et d'accéder au pouvoir.
4. *Profane et sacré* : Le profane comme le sacré.
5. *Cupidité* : désir de s'enrichir.
6. *Antithèse* : contradiction.
7. *Postérité* : avenir.

des femmes était une espèce d'industrie[1] reçue dans la première classe, qui, désormais, n'aura plus de crédit. S'il en avait
250 encore, la Révolution serait perdue, et sous de nouveaux rapports, nous serions toujours corrompus ; cependant la raison
peut-elle se dissimuler que tout autre chemin à la fortune est
fermé à la femme que l'homme achète, comme l'esclave sur les
côtes d'Afrique ? La différence est grande ; on le sait. L'esclave
255 commande au maître ; mais si le maître lui donne la liberté
sans récompense, et à un âge où l'esclave a perdu tous ses
charmes, que devient cette infortunée ? Le jouet du mépris ;
les portes mêmes de la bienfaisance lui sont fermées ; elle
est pauvre et vieille, dit-on ; pourquoi n'a-t-elle pas su faire
260 fortune ? D'autres exemples encore plus touchants s'offrent
à la raison. Une jeune personne sans expérience, séduite par
un homme qu'elle aime, abandonnera ses parents pour le
suivre ; l'ingrat la laissera après quelques années, et plus elle
aura vieilli avec lui, plus son inconstance[2] sera inhumaine ; si
265 elle a des enfants, il l'abandonnera de même. S'il est riche, il
se croira dispensé de partager sa fortune avec ses nobles victimes. Si quelque engagement le lie à ses devoirs, il en violera
la puissance en espérant tout des lois. S'il est marié, tout autre
engagement perd ses droits. Quelles lois reste-t-il donc à faire
270 pour extirper[3] le vice jusque dans la racine ? Celle du partage
des fortunes entre les hommes et les femmes, et de l'administration publique. On conçoit aisément que celle qui est née

---

Vocabulaire
1. *Industrie* : activité commerciale.
2. *Inconstance* : infidélité.
3. *Extirper* : arracher.

d'une famille riche, gagne beaucoup avec l'égalité des partages. Mais celle qui est née d'une famille pauvre, avec du mérite et
275 des vertus, quel est son lot ? La pauvreté et l'opprobre[1]. Si elle n'excelle pas précisément en musique ou en peinture, elle ne peut être admise à aucune fonction publique, quand[2] elle en aurait toute la capacité. Je ne veux donner qu'un aperçu des choses, je les approfondirai dans la nouvelle édition de
280 tous mes ouvrages politiques que je me propose de donner au public dans quelques jours, avec des notes.

Je reprends mon texte quant aux mœurs. Le mariage est le tombeau de la confiance et de l'amour. La femme mariée peut impunément[3] donner des bâtards à son mari, et la fortune qui
285 ne leur appartient pas. Celle qui ne l'est pas, n'a qu'un faible droit : les lois anciennes et inhumaines lui refusaient ce droit sur le nom et sur le bien de leur père, pour ses enfants, et l'on n'a pas fait de nouvelles lois sur cette matière. Si tenter de donner à mon sexe une consistance honorable et juste, est
290 considéré dans ce moment comme un paradoxe de ma part, et comme tenter l'impossible, je laisse aux hommes à venir la gloire de traiter cette matière ; mais, en attendant, on peut la préparer par l'éducation nationale, par la restauration des mœurs et par les conventions conjugales.

Vocabulaire
1. *Opprobre* : déshonneur.
2. *Quand* : alors que.
3. *Impunément* : sans risquer d'être punie.

Déclaration des droits de la femme et de la citoyenne

FORME DU CONTRAT SOCIAL DE L'HOMME
ET DE LA FEMME

295　　Nous N et N, mus par notre propre volonté, nous unissons pour le terme de notre vie, et pour la durée de nos penchants[1] mutuels, aux conditions suivantes : Nous entendons et voulons mettre nos fortunes en communauté, en nous réservant cependant le droit de les séparer en faveur de nos enfants, et
300　de ceux que nous pourrions avoir d'une inclination[2] particulière, reconnaissant mutuellement que notre bien appartient directement à nos enfants, de quelque lit qu'ils sortent, et que tous indistinctement ont le droit de porter le nom des pères et mères qui les ont avoués[3], et nous imposons de souscrire à
305　la loi qui punit l'abnégation[4] de son propre sang. Nous nous obligeons également, au cas[5] de séparation, de faire le partage de notre fortune, et de prélever la portion de nos enfants indiquée par la loi ; et, au cas d'union parfaite, celui qui viendrait à mourir, se désisterait de la moitié de ses propriétés en faveur
310　de ses enfants ; et si l'un mourait sans enfants, le survivant hériterait de droit, à moins que le mourant n'ait disposé de la moitié du bien commun en faveur de qui il jugerait à propos.

　　Voilà à peu près la formule de l'acte conjugal dont je propose l'exécution. À la lecture de ce bizarre écrit, je vois s'élever

---

Vocabulaire
1. *Penchants* : attachements amoureux.
2. *Inclination* : penchant amoureux.
3. *Avoués* : reconnus.
4. *Abnégation* : reniement.
5. *Au cas* : en cas.

Olympe de Gouges

315 contre moi les tartuffes[1], les bégueules[2], le clergé et toute la séquelle[3] infernale. Mais combien il offrira aux sages de moyens moraux pour arriver à la perfectibilité d'un gouvernement heureux ! j'en vais donner en peu de mots la preuve physique. Le riche Épicurien[4] sans enfants, trouve fort bon 320 d'aller chez son voisin pauvre augmenter sa famille. Lorsqu'il y aura une loi qui autorisera la femme du pauvre à faire adopter au riche ses enfants, les liens de la société seront plus resserrés, et les mœurs plus épurées. Cette loi conservera peut-être le bien de la communauté, et retiendra le désordre qui 325 conduit tant de victimes dans les hospices[5] de l'opprobre, de la bassesse et de la dégénération des principes humains, où, depuis longtemps, gémit la nature. Que les détracteurs[6] de la saine philosophie cessent donc de se récrier[7] contre les mœurs primitives, ou qu'ils aillent se perdre dans la source de leurs 330 citations[8].

Je voudrais encore une loi qui avantageât les veuves et les demoiselles trompées par les fausses promesses d'un homme à qui elles se seraient attachées ; je voudrais, dis-je, que cette loi forçât un inconstant à tenir ses engagements, ou à une indem-

---

Vocabulaire et référence
1. *Tartuffes* : hypocrites (allusion au personnage du Tartuffe dans la pièce de Molière).
2. *Bégueules* : personnes qui font preuve d'une pruderie excessive.
3. *Séquelle* : suite de personnes attachées à quelqu'un.
4. *Épicurien* : personne qui prétend jouir des plaisirs de la vie.
5. *Hospices* : établissements accueillant les orphelins, les enfants abandonnés, les infirmes, les vieillards.
6. *Détracteurs* : ceux qui condamnent.
7. *Se récrier* : se révolter.
8. « Abraham eut des enfants très légitimes d'Agar, servante de sa femme. » (note d'Olympe de Gouges) Dans la Bible, Abraham conçoit un fils, Ismaïl, avec Agar, la servante de sa femme Sarah, qui se croit stérile.

335 nité proportionnée à sa fortune. Je voudrais encore que cette loi fût rigoureuse contre les femmes, du moins pour celles qui auraient le front de recourir à une loi qu'elles auraient elles-mêmes enfreinte par leur inconduite, si la preuve en était faite. Je voudrais, en même temps, comme je l'ai exposé dans *Le*
340 *Bonheur primitif de l'homme*, en 1788, que les filles publiques[1] fussent placées dans des quartiers désignés. Ce ne sont pas les femmes publiques qui contribuent le plus à la dépravation des mœurs, ce sont les femmes de la société. En restaurant les dernières[2], on modifie les premières. Cette chaîne d'union
345 fraternelle offrira d'abord le désordre, mais par les suites, elle produira à la fin un ensemble parfait.

J'offre un moyen invincible pour élever l'âme des femmes ; c'est de les joindre à tous les exercices de l'homme : si l'homme s'obstine à trouver ce moyen impraticable, qu'il partage sa for-
350 tune avec la femme, non à son caprice[3], mais par la sagesse des lois. Le préjugé tombe, les mœurs s'épurent, et la nature reprend tous ses droits. Ajoutez-y le mariage des prêtres ; le Roi, raffermi sur son trône, et le gouvernement français ne saurait plus périr.

Il était bien nécessaire que je dise quelques mots sur les
355 troubles que cause, dit-on, le décret en faveur des hommes de couleur, dans nos îles[4]. C'est là où la nature frémit d'horreur ;

Vocabulaire et référence
1. *Filles publiques* : prostituées.
2. *En restaurant les dernières* : en rendant leurs droits aux femmes de la société.
3. *À son caprice* : selon son bon plaisir.
4. *Dans nos îles* : un décret du 15 mai 1791 reconnaît la citoyenneté des « gens de couleur nés de pères et mères libres ». Ce décret, qui remet en cause la prétendue supériorité des blancs, offusque les colons. Pourtant, il n'abolit pas l'esclavage comme on pouvait l'espérer et n'accorde la citoyenneté qu'à une très faible proportion des hommes de couleur. Il entraîne des heurts violents dans les colonies, en particulier à Saint-Domingue.

c'est là où la raison et l'humanité, n'ont pas encore touché les âmes endurcies ; c'est là surtout où la division et la discorde agitent leurs habitants. Il n'est pas difficile de deviner les ins-
360 tigateurs[1] de ces fermentations[2] incendiaires : il y en a dans le sein même de l'Assemblée nationale : ils allument en Europe le feu qui doit embraser l'Amérique. Les colons prétendent régner en despotes sur des hommes dont ils sont les pères et les frères ; et méconnaissant les droits de la nature, ils en
365 poursuivent la source jusque dans la plus petite teinte de leur sang. Ces colons inhumains disent : notre sang circule dans leurs veines, mais nous le répandrons tout[3], s'il le faut, pour assouvir notre cupidité, ou notre aveugle ambition. C'est dans ces lieux les plus près de la nature, que le père méconnaît le
370 fils ; sourd aux cris du sang, il en étouffe tous les charmes ; que peut-on espérer de la résistance qu'on lui oppose ? la contraindre avec violence, c'est la rendre terrible, la laisser encore dans les fers, c'est acheminer toutes les calamités vers l'Amérique. Une main divine semble répandre partout l'apa-
375 nage[4] de l'homme, *la liberté* ; la loi seule a le droit de réprimer cette liberté, si elle dégénère en licence[5] ; mais elle doit être égale pour tous, c'est elle surtout qui doit renfermer l'Assem-blée nationale dans son décret, dicté par la prudence et par la justice. Puisse-t-elle agir de même pour l'État de la France, et

---

Vocabulaire
1. *Instigateurs* : déclencheurs.
2. *Fermentations* : agitations.
3. *Tout* : en totalité.
4. *Apanage* : privilège.
5. *Licence* : liberté excessive, allant jusqu'au dérèglement moral.

380 se rendre aussi attentive sur les nouveaux abus, comme elle
l'a été sur les anciens qui deviennent chaque jour plus effroy-
ables ! Mon opinion serait encore de raccommoder le pouvoir
exécutif avec le pouvoir législatif, car il me semble que l'un est
tout, et que l'autre n'est rien ; d'où naîtra, malheureusement

385 peut-être, la perte de l'Empire français. Je considère ces deux
pouvoirs, comme l'homme et la femme[1] qui doivent être unis,
mais égaux en force et en vertu, pour faire un bon ménage.

Il est donc vrai que nul individu ne peut échapper à son
sort ; j'en fais l'expérience aujourd'hui.

390 J'avais résolu et décidé de ne pas me permettre le plus petit
mot pour rire dans cette production, mais le sort en a décidé
autrement. Voici le fait :

L'économie n'est point défendue, surtout dans ce temps
de misère. J'habite la campagne. Ce matin à huit heures

395 je suis partie d'Auteuil, et me suis acheminée vers la route
qui conduit de Paris à Versailles, où l'on trouve souvent ces
fameuses guinguettes[2] qui ramassent les passants à peu de
frais. Sans doute une mauvaise étoile me poursuivait dès le
matin. J'arrive à la barrière[3] où je ne trouve pas même le triste

400 sapin[4] aristocrate. Je me repose sur les marches de cet édifice

---

Vocabulaire et référence
1. « Dans *Le Souper magique* de M. de Merville, Ninon demande : Quelle est la
maîtresse de Louis XVI ? On lui répond : C'est la Nation, cette maîtresse corrompra
le gouvernement si elle prend trop d'empire. » (note d'Olympe de Gouges) Il s'agit
sans doute d'une allusion à une pièce du dramaturge Michel Guyot de Merville
(1696-1755).
2. *Guinguettes* : voitures légères qui relient Versailles à Paris.
3. *Barrière* : porte de Paris.
4. *Sapin* : terme familier employé pour désigner un fiacre (voiture à cheval).

insolent[1] qui recélait[2] des commis[3]. Neuf heures sonnent, et je continue mon chemin : une voiture s'offre à mes regards, j'y prends place, et j'arrive à neuf heures un quart, à deux montres différentes, au Pont-Royal. J'y prends le sapin, et
405 je vole chez mon imprimeur, rue Christine, car je ne peux aller que là si matin[4] : en corrigeant mes épreuves[5], il me reste toujours quelque chose à faire, si les pages ne sont pas bien serrées et remplies. Je reste à peu près vingt minutes ; et fatiguée de marche, de composition et d'impression, je me
410 propose d'aller prendre un bain dans le quartier du Temple[6], où j'allais dîner[7]. J'arrive à onze heures moins un quart, à la pendule du bain ; je devais donc au cocher une heure et demie ; mais, pour ne pas avoir de dispute avec lui, je lui offre 48 sols[8] : il exige plus, comme d'ordinaire, il fait du bruit. Je
415 m'obstine à ne vouloir plus lui donner que son dû, car l'être équitable aime mieux être généreux que dupe. Je le menace de la loi, il me dit qu'il s'en moque, et que je lui paierai deux heures. Nous arrivons chez un commissaire de paix[9], que j'ai

---

Vocabulaire et références
1. *Cet édifice insolent :* il s'agit du bâtiment situé à la barrière de Paris et par lequel il fallait autrefois passer pour régler un impôt lorsque l'on souhaitait introduire des marchandises dans Paris.
2. *Recélait :* contenait.
3. *Commis :* agents chargés de recueillir l'impôt aux barrières.
4. *Si matin :* si tôt le matin.
5. *Épreuves :* premières impressions d'un ouvrage destinées à être corrigées avant publication.
6. *Le quartier du Temple :* le quartier du Temple, dans le 3e arrondissement de Paris, était réputé pour ses bains publics.
7. *Dîner :* déjeuner.
8. *Sols :* unités monétaires.
9. *Commissaire de paix :* commissaire de police qui recueille les plaintes et peut décider d'envoyer en prison un individu en attendant qu'il comparaisse devant un juge.

la générosité de ne pas nommer, quoique l'acte d'autorité qu'il
420 s'est permis envers moi mérite une dénonciation formelle.
Il ignorait sans doute que la femme qui réclamait sa justice
était la femme auteur de tant de bienfaisance et d'équité[1].
Sans avoir égard[2] à mes raisons[3], il me condamne impitoya-
blement à payer au cocher ce qu'il demandait. Connaissant
425 mieux la loi que lui, je lui dis : *Monsieur, je m'y refuse, et je
vous prie de faire attention que vous n'êtes pas dans le principe[4]
de votre charge.* Alors, cet homme, ou, pour mieux dire, ce
forcené[5] s'emporte, me menace de la force si je ne paye à
l'instant, ou de rester toute la journée dans son bureau. Je lui
430 demande de me faire conduire au tribunal de département
ou à la mairie, ayant à me plaindre de son coup d'autorité.
Le grave magistrat, en redingote[6] poudreuse et dégoûtante
comme sa conversation, m'a dit plaisamment : *Cette affaire
ira sans doute à l'Assemblée nationale ? Cela se pourrait bien,*
435 lui dis-je ; et je m'en fus moitié furieuse et moitié riant du
jugement de ce moderne Bride-Oison[7], en disant : *C'est donc
là l'espèce d'homme qui doit juger un peuple éclairé !* On ne voit
que cela. Semblables aventures arrivent indistinctement aux
bons patriotes, comme aux mauvais. Il n'y a qu'un cri sur
440 les désordres des sections et des tribunaux. La justice ne se

---

Vocabulaire et nom propre
1. *Équité* : acte de justice.
2. *Avoir égard à* : tenir compte de.
3. *Raisons* : arguments.
4. *Principe* : bon droit.
5. *Forcené* : individu acharné.
6. *Redingote :* longue veste.
7. *Bride-Oison :* lieutenant de justice ridicule dans *Le Mariage de Figaro* (1778) de Beaumarchais.

rend pas ; la loi est méconnue, et la police se fait, Dieu sait comment. On ne peut plus retrouver les cochers à qui l'on confie des effets[1] ; ils changent les numéros[2] à leur fantaisie, et plusieurs personnes, ainsi que moi, ont fait des pertes consi-

445 dérables dans les voitures. Sous l'Ancien Régime, quel que fût son brigandage, on trouvait la trace de ses pertes, en faisant un appel nominal des cochers, et par l'inspection exacte des numéros ; enfin on était en sûreté. Que font ces juges de paix ? que font ces commissaires, ces inspecteurs du nouveau

450 régime ? Rien que des sottises et des monopoles[3]. L'Assemblée nationale doit fixer toute son attention sur cette partie qui embrasse[4] l'ordre social.

P. S. Cet ouvrage était composé depuis quelques jours ; il a été retardé encore à l'impression ; et au moment que

455 M. Talleyrand[5], dont le nom sera toujours cher à la postérité, venant de donner son ouvrage sur les principes de l'éducation nationale, cette production était déjà sous la presse[6]. Heureuse si je me suis rencontrée[7] avec les vues de cet orateur ! Cependant je ne puis m'empêcher d'arrêter la presse,

460 et de faire éclater la pure joie, que mon cœur a ressentie à

Vocabulaire et nom propre
1. *Effets* : possessions personnelles.
2. *Les numéros* : il s'agit des numéros attribués à leurs fiacres.
3. *Monopoles* : privilèges injustement accordés.
4. *Embrasse* : englobe.
5. *Talleyrand* : Charles-Maurice de Talleyrand Périgord (1754-1838), homme d'État et diplomate, auteur d'un rapport sur l'instruction publique qui est remis à l'Assemblée constituante début septembre.
6. *Sous la presse* : en cours d'impression.
7. *Rencontrée* : d'accord.

Déclaration des droits de la femme et de la citoyenne

la nouvelle que le roi venait d'accepter la Constitution[1], et que l'Assemblée nationale – que j'adore actuellement, sans excepter l'abbé Maury[2], et la Fayette[3] est un dieu – avait proclamé d'une voix unanime une amnistie générale. Providence

465 divine, fais que cette joie publique ne soit pas une fausse illusion ! Renvoie-nous, en corps, tous nos fugitifs, et que je puisse avec un peuple aimant voler sur leur passage ; et dans ce jour solennel, nous rendrons tous hommage à ta puissance.

14 septembre 1791

Référence et noms propres

1. *Le roi venait d'accepter la Constitution* : Le Roi Louis XVI accepte la Constitution instituant une monarchie constitutionnelle le 14 septembre 1791.

2. *Abbé Maury* : Jean-Sifrein Maury (1746-1817), ecclésiastique et député de l'Assemblée constituante, adversaire de la Révolution et défenseur du clergé.

3. *La Fayette* : Gilbert du Motier, marquis de La Fayette (1757-1834), célèbre officier et homme politique français, qui, après avoir participé activement à la guerre d'indépendance américaine (1775-1783), prend part à la Révolution française. En 1791, il est député de l'Assemblée constituante, mais également commandant de la Garde nationale. On lui reproche de ne pas avoir su empêcher la fuite du roi Louis XVI à Varenne en juin 1791 et d'avoir participé à la « Fusillade du Champ-de-Mars » en juillet 1791 contre des insurgés qui réclamaient la déchéance du Roi et la proclamation d'une République.

La déclaration des droits de la femme

LECTURE

Lecture d'ensemble

Une œuvre composite

1. Observez la structure de l'œuvre dans son ensemble. De quels genres ou types de textes ses différentes parties relèvent-elles ?

2. À qui Olympe de Gouges s'adresse-t-elle tour à tour ? Dans quels buts ?

3. Quelles tonalités différentes distinguez-vous dans l'ensemble de l'œuvre ?

4. En quoi cette œuvre est-elle une « singulière production » (p. 12, l. 4), comme l'écrit Olympe de Gouges à la Reine ?

Une entrée en matière audacieuse (p. 12-16, l. 1-88)

5. P. 12-15 : pourquoi Olympe de Gouges dédie-t-elle son œuvre à la Reine ?

6. S'adresse-t-elle à elle en adoptant le ton consacré pour s'adresser aux Rois ?

7. P. 15-16 : que reproche Olympe de Gouges aux hommes ?

8. Comment démontre-t-elle que la domination masculine n'est pas naturelle ?

9. Quels procédés montrent son indignation ?

La déclaration solennelle (p. 16-22)

10. À quoi sert le préambule de la *Déclaration des droits de la femme et de la citoyenne* ?

🏛 **11.** Confrontez les articles de cette déclaration à ceux de la *Déclaration des droits de l'homme et du citoyen* de 1789 (voir texte p. 70). Quelles différences principales constatez-vous ?

12. Sur quelles lois Olympe de Gouges fonde-t-elle cette déclaration d'après les articles IV et V ?

ÉTUDE DE L'ŒUVRE

13. Pourquoi l'article X est-il particulièrement célèbre aujourd'hui ?

14. Globalement, quels droits Olympe de Gouges réclame-t-elle pour les femmes ?

Des idées égalitaires (p. 22-35)

15. Quelles réformes en faveur des femmes l'auteure propose-t-elle ?

16. P. 27, l. 295-312 : en quoi le contrat de mariage qu'elle propose est-il particulièrement novateur ?

17. Quelles seraient, d'après l'auteure, les conséquences sociales et morales d'une réforme des lois en faveur des femmes ?

Synthèse

18. En quoi cette brochure dans son ensemble relève-t-elle du genre du pamphlet (voir encadré p. 44) ?

Lecture d'image

Jean-Philippe Caresme, *Bravoure des femmes parisiennes aux journées du 5 et 6 octobre 1789 à Versailles*, vers 1789, gravure.

19. Quel événement cette gravure illustre-t-elle ?

20. Comment l'artiste rend-il hommage à la « bravoure des femmes » pendant la Révolution ?

ÉTUDE DE L'ŒUVRE

Iconographie de rabat

Chérieux, *Le Club des femmes patriotes dans une église*, 1793.

21. Observez en détail la scène représentée sur ce dessin.
Que semblent faire ces femmes ? Quel rôle les hommes jouent-ils,
quant à eux ?

22. Quelle atmosphère semble régner dans le Club des femmes
patriotes ?

Étude de la langue

Grammaire

23. P. 15-16, l. 75-81 : étudiez les relations au sein de la phrase
complexe dans ce passage.

Stylistique

24. « Le mariage est le tombeau de la confiance et de l'amour »
(p. 26, l. 282-283) : comment nomme-t-on ce type de phrase ?
Quelle figure de style comporte-t-elle ?

ÉTUDE DE L'ŒUVRE

PATRIMOINE

25. Olympe de Gouges nomme le contrat de mariage qu'elle propose « contrat social de l'homme et de la femme ». À qui emprunte-t-elle l'expression « contrat social » ? Pourquoi ?

26. Faites des recherches sur le droit au divorce sous la Révolution. Quand a-t-il été accordé ? À quelles conditions ? Ce droit a-t-il ensuite été maintenu ?

HISTOIRE
Le rôle des femmes dans la Révolution française

Les **manifestations de femmes** sont fréquentes tout au long de la période révolutionnaire et, pour certaines, décisives, comme celle du **5 octobre 1789** : un **cortège de Parisiennes**, mené par la militante **Théroigne de Méricourt**, se rend à **Versailles** pour réclamer du pain ; elles reconduisent la famille royale à Paris, et, à la suite de ces événements, Louis XVI se trouve contraint d'approuver la *Déclaration des droits de l'homme et du citoyen*.

Ce texte ne donne **aucun droit civique aux femmes** et n'établit pas l'égalité des sexes. Les femmes prennent néanmoins part à la vie politique : elles **assistent aux débats de l'Assemblée** et ne se privent pas d'intervenir au cours des séances. Olympe de Gouges fait partie de ces « habituées des tribunes », plus tard surnommées avec mépris « les **tricoteuses** ». Elles se réunissent également au sein de **clubs** et débattent avec passion des sujets politiques. Toutefois, cette mobilisation des femmes est perçue comme source de désordre et suscite une hostilité grandissante. Entre 1793 et 1795, **la Convention les exclut progressivement de la vie politique** : les clubs sont interdits ; les femmes sont chassées à coups de fouet puis exclues de l'Assemblée. Pour finir, les rassemblements de femmes sur la voie publique sont interdits.

Certaines figures féminines ont marqué la période révolutionnaire : Olympe de Gouges, mais aussi **Madame Roland**, femme d'influence, condamnée et guillotinée en 1793, ou encore la célèbre **Charlotte Corday**, exécutée en juillet de la même année pour avoir assassiné Marat.

ÉTUDE DE L'ŒUVRE

EXPRESSION

Expression écrite

Écrit d'appropriation

27. Imaginez et rédigez le débat qui anime le Club des femmes patriotes représenté dans le dessin (rabat).

Commentaire

28. Procédez à l'analyse de l'adresse aux hommes (p. 15-16) qui précède la déclaration et rédigez un paragraphe de commentaire.

Carnet de lecture

29. Préparez votre carnet de lecture (voir encadré ci-dessous) et notez vos premières impressions après la lecture intégrale de l'œuvre. Utilisez vos réponses aux questions 1 à 4 pour ajouter quelques éléments d'analyse.

Expression orale

🎙 **30.** Faites un exposé sur le rôle des femmes dans la Révolution française.

Méthode ▶ *Comment tenir un carnet de lecture*

Les œuvres étudiées ou lues dans le cadre du cours de français peuvent faire l'objet d'un carnet de lecture. Voici quelques conseils pour le réaliser :
– veiller au **soin** et à l'**aspect visuel** : utilisation de couleurs, illustration par des tableaux, gravures, photographies ;
– formuler ses **premières impressions** après la lecture intégrale de l'œuvre : passages à retenir, émotions ressenties ou idées survenues, appréciations sur les personnages ;
– noter les **informations recueillies** au cours des recherches autour de l'œuvre : contexte historique et littéraire, biographie de l'auteur, etc. ;
– recopier des **citations** de l'œuvre à retenir ;
– prendre note de ses principales **observations et analyses** : enjeux de l'œuvre, passages étudiés, réflexions critiques.

ÉTUDE DE L'ŒUVRE

« Femme, réveille-toi »

LECTURE

Lecture linéaire (p. 22-23, l. 188-217)

Une Révolution injuste envers les femmes (l. 188-198)

1. Quel est le ton de ce début de postambule ? Quel effet l'auteure souhaite-t-elle produire ?

2. À qui s'adresse-t-elle précisément et comment ? Quels procédés utilise-t-elle pour cela ?

3. Comment l'auteure fait-elle l'éloge de la Révolution au début de ce passage ? À quoi a-t-elle mis fin et qu'a-t-elle apporté, selon elle ?

4. Comment l'auteure évoque-t-elle le rôle joué par les femmes dans la Révolution ?

5. D'après elle, celles-ci ont-elles été récompensées ? Pourquoi ?

6. Quels procédés emploie-t-elle pour inciter les femmes à prendre conscience de l'injustice dont elles sont victimes ?

L'ancien ordre social mis à bas (l. 198-208)

7. Quel « empire » les femmes avaient-elles sur les hommes dans l'Ancien Régime ? L'auteure semble-t-elle regretter qu'elles l'aient désormais perdu ?

8. Quelles réticences pourraient avoir les femmes à lutter pour conquérir leurs droits ? Est-ce justifié, selon l'auteure ?

9. Comment l'auteure évoque-t-elle le rôle de l'Église dans l'injustice faite aux hommes depuis des siècles ? Faut-il, selon elle, respecter encore la religion chrétienne ?

10. Quel est l'intérêt de comparer implicitement les législateurs français au « législateur des noces de Cana » ?

L'appel aux armes (l. 208-217)

11. Quelle « inconséquence » l'auteure déplore-t-elle ?

12. Comment incite-t-elle les femmes à lutter contre cette aberration ?

ÉTUDE DE L'ŒUVRE

13. Quelles armes et quels atouts les femmes ont-elles entre leurs mains pour y parvenir ?

14. Comment l'auteure montre-t-elle que le résultat de ce combat profitera aux deux sexes et contribuera à établir entre eux une union véritable ?

15. Comment la dernière phrase donne-t-elle aux femmes une impulsion pour mener le combat ?

Synthèse

16. Pourquoi la femme doit-elle « se réveiller » d'après Olympe de Gouges ?

Lecture d'image

L' Homme esclave a multiplié ses forces. Il a eu besoin de recourir aux tiennes pour briser ses fers.

Devenu libre, il est devenu injuste envers sa compagne.

Ô, Femmes ! Quand cesserez-vous d'être aveugles ?

Catel & Bocquet, *Olympe de Gouges*, p. 329, 2012 Casterman.

17. Quels éléments les auteurs de la BD empruntent-ils au texte d'Olympe de Gouges ?

18. Observez le personnage d'Olympe de Gouges (attitude, gestes, regard etc.). Quelle impression les auteurs souhaitent-ils donner ? Comment restituent-ils la diversité de tons de l'œuvre ?

Iconographie de couverture

19. Pourquoi représenter une femme pour incarner la liberté ?

20. Quels symboles renvoient au contexte révolutionnaire ?

Étude de la langue

Grammaire

21. P. 22, l. 188-198 : identifiez les modes et temps verbaux dans ce passage et indiquez leurs valeurs.

22. « S'ils s'obstinaient [...] l'Être Suprême » (p. 23, l. 208-215) : faites l'analyse syntaxique de cette phrase.

Vocabulaire

23. Que signifie le mot « postambule » ?

Stylistique

24. P. 24, l. 233-235 : lorsqu'elle désigne les femmes comme « ce sexe autrefois méprisable et respecté, et depuis la Révolution, respectable et méprisé », quelle figure de style Olympe de Gouges utilise-t-elle ?

PATRIMOINE

25. Quelle auteure britannique venue en France pendant la Révolution a publié un pamphlet intitulé *Défense des droits de la femme* ?

EXPRESSION

Expression écrite

Écrit d'appropriation

26. À la manière d'Olympe de Gouges, écrivez un texte commençant par « Femme, réveille-toi » dans lequel vous inciterez les femmes d'aujourd'hui à combattre contre les injustices ou discriminations dont elles peuvent encore être victimes.

Carnet de lecture

27. Dans votre carnet de lecture, notez vos impressions sur ce passage de la *Déclaration des droits de la femme*

ÉTUDE DE L'ŒUVRE

et de la citoyenne et confrontez-le avec la situation actuelle des femmes dans le monde.

Expression orale

28. Préparez et présentez une lecture orale expressive de ce texte. Vous veillerez à en souligner les effets.

NOTIONS LITTÉRAIRES
Le genre du pamphlet

Le mot « pamphlet », emprunté à l'anglais, apparaît dans la langue française au XVIIIe siècle. Il désigne un **texte bref qui présente un caractère polémique.** En effet, le pamphlet défend une position de manière assez agressive et virulente, ou critique ouvertement, voire calomnie, quelqu'un ou quelque chose. Il peut prendre des **formes diverses** : brochure, lettre ouverte, discours, libelle.

Il est généralement **en prise directe avec l'actualité** sociale et politique, à laquelle il réagit de manière incisive ou véhémente, et souvent dans l'immédiateté, voire l'urgence. C'est pourquoi les guerres civiles, les révolutions et temps de crise sont particulièrement favorables à la rédaction de pamphlets. Les plus grands auteurs ont fait entendre leur voix dans le débat politique, social ou religieux par la rédaction de pamphlets : **Pascal** prend la défense des Jansénistes dans les *Provinciales* (1656-1657) ; **Voltaire** écrit nombre de pamphlets antireligieux anonymes qu'il nomme des « fusées volantes » ou « petits pâtés » ; **Chateaubriand** s'en prend à Napoléon Ier dans *De Buonaparte et des Bourbons* (1814) ; **Hugo** dénonce le coup d'État de Napoléon III dans *Napoléon le petit* (1852) ; **Zola** s'insurge contre l'injustice commise dans l'affaire Dreyfus avec *J'accuse* (1898).

ÉTUDE DE L'ŒUVRE

Méthode ▸ *Comment lire le texte à l'oral de français*

Au cours de l'épreuve orale de français, le candidat doit lire le texte étudié. Cette lecture est évaluée sur **2 points**. D'après les consignes officielles, le candidat doit proposer une « **lecture à voix haute juste, pertinente et expressive du texte** ». Les critères d'évaluation seront donc :
– le respect de la **ponctuation** ;
– la **fluidité** (absence d'hésitations), le **rythme** (ni trop lent ni trop rapide) ;
– la prononciation des **liaisons** ;
– le respect des **vers (« e » muets, diérèses), dans le cas d'un texte versifié** ;
– la fidélité au **sens du texte** ;
– la mise en évidence des **effets du textes** (ironique, pathétique etc.).
Il convient par conséquent de s'entraîner à la lecture orale des textes étudiés, par exemple en s'enregistrant, afin d'en proposer une lecture à la fois correcte et expressive.

La femme, esclave de l'homme

LECTURE

Lecture linéaire (p. 24-26, l. 238-278)

Le « commerce des femmes » (l. 238-249)

1. Les rapports hommes-femmes dans l'Ancien Régime étaient-ils fondés sur la morale pour Olympe de Gouges ?

2. Quelles qualités exigeait-on des femmes ?

3. Comment pouvaient-elles tirer profit de ces qualités ? Comment les jugeait-on si elles n'en tiraient pas profit ?

4. Pourquoi l'auteure emploie-t-elle l'expression « commerce des femmes » ?

Le sort réservé aux femmes (l. 249-260)

5. Quelle analogie l'auteure établit-elle dans ce second mouvement ? Quelle force cela confère-t-il à son argumentation ?

6. P. 25, l. 254-257 : quel type de raisonnement l'auteure utilise-t-elle dans ce passage ? Que souhaite-t-elle montrer ?

7. À quelle destinée la femme est-elle condamnée si elle est libérée par celui qui la possède ? Pourquoi ?

8. En quoi ce passage montre-t-il combien la société est injuste envers les femmes ?

Un exemple édifiant (l. 260-269)

9. Comment Olympe de Gouges introduit-elle son exemple ? Comment lui donne-t-elle un caractère général ?

10. Quel portrait l'auteure dresse-t-elle de la jeune femme dont il est question ? Et de l'homme ?

11. À quel sort la jeune femme doit-elle s'attendre ? En quoi cela la condamne-t-il ?

12. Comment l'auteure montre-t-elle que les lois sont injustement favorables à l'homme dans ces sortes de cas ?

Les conditions d'un affranchissement (l. 269-278)

13. Que réclame l'auteure dans ce passage ? Pourquoi cela lui paraît-il indispensable ?

14. À quel type de femmes l'auteure pense-t-elle prioritairement ? En quoi ces femmes sont-elles lésées, voire condamnées, par la société ?

15. Quel est jusqu'alors la seule issue honnête possible pour ces femmes ?

Synthèse

16. En quoi ce passage confirme-t-il la nécessité absolue de déclarer l'égalité entre hommes et femmes ?

Lecture d'image

17. Comment Adélaïde Labille-Guiard montre-t-elle qu'elle est une artiste accomplie, professionnelle et renommée ?

18. Pourquoi se met-elle en scène avec deux jeunes élèves ? Que nous révèle l'attitude de ces dernières ?

Adélaïde Labille-Guiard, *Autoportrait avec deux élèves,* huile sur toile (210,8 x 151,1 cm), 1785, Metropolitan Museum of Art, New York.

ÉTUDE DE L'ŒUVRE

Étude de la langue

Grammaire

19. P. 24-25, l. 238-249 : vous étudierez la négation dans ce passage.

20. Étudiez l'interrogation dans l'ensemble de l'extrait.

21. « Si elle n'excelle pas […] toute la capacité » (p. 26, l. 276-278) : faites l'analyse syntaxique de cette phrase.

HISTOIRE DES ARTS
Femmes peintres au XVIIIᵉ siècle

Les artistes femmes sont nombreuses à la fin du XVIIIᵉ siècle et celles qui ont un réel talent font carrière. On a pu parler à propos de cette période de « **parenthèse enchantée** » pour les femmes peintres. Elles sont **formées par des artistes** qui ouvrent leur atelier aux femmes, comme Jean-Baptiste Greuze et Jacques-Louis David ; si la décence leur **interdit de peindre des modèles nus**, ce qui ne leur permet donc pas d'accéder au genre noble de la peinture d'histoire, elles s'illustrent en revanche dans les **genres du portrait et de la nature morte** ; elles reçoivent des **commandes**, parfois issues des familles royales d'Europe ; elles présentent leurs toiles dans divers lieux d'exposition et salons ; certaines dispensent même des leçons et ouvrent **leur propre atelier, réservé aux femmes,** telle Adélaïde Labille-Guiard.

Les portes de **l'Académie royale de peinture et sculpture** ne leur sont d'abord que très partiellement ouvertes : un quota de quatre femmes est fixé, et seules les plus célèbres d'entre elles, comme **Adélaïde Labille-Guiard** et **Élisabeth Vigée-Lebrun** parviennent à y entrer. Toutefois, à partir de 1790, ce quota est aboli, et en 1791, au nom de la liberté et de l'égalité, le Salon du Louvre est ouvert à tous les peintres, et non plus seulement aux académiciens, ce qui permet à de nombreuses femmes peintres d'exposer, comme Nanine Vallain (couverture) et Marie-Guillemine Benoist. En 1793, la Société populaire et républicaine des arts, qui remplace l'Académie royale après sa dissolution, exclut néanmoins les femmes et leur interdit l'accès à l'École des Beaux-Arts.

ÉTUDE DE L'ŒUVRE

PATRIMOINE

22. Dans la pièce *Le Mariage de Figaro* (1778) de Beaumarchais, lisez la scène 16 de l'acte III. Comment Marceline dénonce-t-elle le sort réservé aux femmes ?

23. Dans quelle pièce de théâtre Marivaux imagine-t-il une révolte de femmes revendiquant leurs droits ?

EXPRESSION

Expression écrite

Dissertation

24. Dans quelle mesure l'œuvre d'Olympe de Gouges montre-t-elle qu'écrire permet de combattre pour l'égalité ? Analysez ce sujet de manière à en dégager la problématique ou l'enjeu.

Carnet de lecture

25. Illustrez votre carnet de lecture avec des reproductions d'œuvres réalisées par des femmes peintres du XVIIIe siècle.

Expression orale

26. Préparez et présentez à la classe un exposé sur une femme peintre du XVIIIe siècle.

Méthode ▶ *Comment préparer une dissertation*

Le sujet de dissertation à l'écrit du baccalauréat de français porte sur une des œuvres intégrales au programme officiel et son parcours associé. Pour préparer une dissertation, il faut :
– **analyser le sujet :** identifier les mots-clés et les définir, problématiser ;
– **confronter le sujet à l'œuvre intégrale** : mobiliser toutes ses connaissances sur l'œuvre pour sélectionner les éléments permettant de traiter le sujet ;
– **construire un plan en deux ou trois parties : choisir un plan** dialectique, analytique ou thématique ; donner un titre à chaque partie ; chercher pour chaque partie trois arguments et prévoir un ou plusieurs exemple(s) pour chacun d'entre eux (citations, passages de l'œuvre) ;
– **rédiger son devoir :** introduction, développement, conclusion.

ÉTUDE DE L'ŒUVRE

Une femme forte

LECTURE

Lecture linéaire (p. 31-33, l. 393-439)

Le quotidien d'une écrivaine au XVIIIe siècle (l. 393-411)

1. Quels éléments de sa vie personnelle Olympe de Gouges dévoile-t-elle dans ce passage ?

2. Comment met-elle en scène son quotidien d'écrivaine ? Quelle image donne-t-elle d'elle-même ?

3. Par quels procédés confère-t-elle un caractère plaisant et vivant à son récit ?

4. Quels détails préparent soigneusement l'évocation de la discorde avec le cocher ?

Une banale discorde qui tourne mal (l. 411-429)

5. Quel est l'objet de la discorde entre Olympe de Gouges et le cocher ?

6. Comment l'auteure montre-t-elle qu'elle est dans son bon droit face au cocher ? Quelle attitude adopte-t-elle avec lui ?

7. Comment montre-t-elle sa force de caractère et sa détermination dans sa confrontation avec le commissaire de paix ?

8. La décision de ce dernier lui paraît-elle juste ? Comment le montre-t-elle ?

La résolution de la mésaventure (l. 429-439)

9. Olympe de Gouges se laisse-t-elle intimider par les menaces du commissaire de paix ?

10. En quoi le portrait qu'elle dresse du magistrat est-il comique ?

11. Comment résout-il l'affaire ? Semble-t-il prendre l'auteure au sérieux ?

12. Pourquoi sort-elle « moitié furieuse et moitié riant » ?

13. Quelles conclusions sur la justice tire-t-elle de cette mésaventure ?

Lecture d'image

Anicet Charles Gabriel Lemonnier, *Lecture de la tragédie* L'Orphelin de la Chine *de Voltaire dans le salon de Madame Geoffrin*, huile sur toile (129 x 196 cm), 1812.

14. Identifiez Madame Geoffrin dans ce salon. Quelle place occupe-t-elle et pourquoi ?

15. Qui peuvent être les personnages réunis dans ce salon ? À quelles activités semblent-ils se consacrer ?

16. Comment l'artiste montre-t-il l'importance de ce lieu social au XVIIIe siècle ?

Étude de la langue

Grammaire

17. Trouvez dans ce texte un présent de vérité générale, un présent d'énonciation et un présent de narration.

18. « Ce matin à huit heures [...] à peu de frais » (p. 29, l. 394-398) : étudiez les propositions subordonnées relatives dans cette phrase.

ÉTUDE DE L'ŒUVRE

19. Analysez les propositions subordonnées suivantes : « quoique l'acte d'autorité qu'il s'est permis envers moi mérite une dénonciation formelle » (p. 33, l. 419-420), et « si je ne paye à l'instant » (p. 33, l. 428-429).

CONTEXTUALISATION
Les écrivaines du XVIIIe siècle

Le monde des lettres n'est pas exclusivement masculin au XVIIIe siècle. Tout d'abord, les **salons**, lieux de bouillonnement intellectuel et philosophique, sont tenus par des femmes. En outre, malgré les préjugés et le mépris auxquels elles sont confrontées, nombre de femmes écrivent, parfois avec succès, et la production littéraire féminine s'avère d'une grande diversité au XVIIIe siècle. Les écrivaines s'illustrent particulièrement dans le genre du **roman**, réputé féminin : c'est le cas de **Françoise de Graffigny** avec ses très célèbres *Lettres d'une Péruvienne* (1747). Elles pratiquent également le genre du **conte**, comme **Jeanne-Marie Leprince de Beaumont** avec *La Belle et la Bête* (1756). Certaines écrivent des **traités et discours** et participent aux débats sur l'éducation des femmes, comme **Félicité de Genlis** dans *Adèle et Théodore ou Lettres sur l'éducation* (1782), ou encore sur le bonheur et les passions, comme **Émilie du Châtelet** dans *Discours sur le bonheur* (écrit de 1744 à 1746 et publié de manière posthume en 1779). Certaines, comme Olympe de Gouges, écrivent pour le **théâtre**, en particulier des comédies et drames (le genre de la tragédie étant considéré comme réservé aux hommes). Enfin, d'autres écrits, à caractère privé, comme les **mémoires** et les **correspondances**, sont publiés de manière posthume.

PATRIMOINE

20. Faites des recherches sur le roman *Lettres d'une Péruvienne* (1747) de Françoise de Graffigny. Pourquoi est-il considéré comme une œuvre féministe avant l'heure ?

21. Quelles femmes célèbres tiennent salon au XVIIIe siècle ? Quel est le rôle de ces salons ?

EXPRESSION

Expression écrite

Écrit d'appropriation

22. À la manière d'Olympe de Gouges dans ce récit, écrivez la journée d'une femme contemporaine, confrontée elle aussi à une mésaventure qui l'amène à subir une injustice.

Commentaire

23. Proposez un plan de commentaire littéraire pour ce texte.

Expression orale

24. Vous avez choisi de présenter *La Déclaration des droits de la femme et de la citoyenne* lors de l'entretien de l'épreuve orale de français. Préparez une intervention de 3 à 4 minutes dans laquelle vous justifierez votre choix en vous appuyant sur quelques arguments.

Méthode ▶ *Comment préparer la présentation de l'œuvre pour l'entretien de l'oral de français*

L'exposé sur l'un des textes du descriptif est suivi d'un **entretien de 8 minutes**. Le candidat doit d'abord présenter au jury l'œuvre de son choix, parmi celles qui ont été lues ou étudiées au cours de l'année. Pour préparer cette présentation en amont, il convient de :
- **prévoir une présentation de l'œuvre**, qui ne soit **pas un simple résumé**, mais bien le compte rendu d'une **lecture personnelle :** il est possible d'axer sa présentation sur un **enjeu**, une **thématique**, des **éléments de contextualisation** ;
- **préparer des arguments pour justifier son choix :** ceux-ci ne doivent pas se limiter à une appréciation purement subjective et globale, mais s'appuyer sur **une lecture éclairée, personnelle voire une analyse critique de l'œuvre** ;
- tenir éventuellement un **carnet de lecture**, en guise de témoignage d'une appropriation personnelle de l'œuvre et d'un travail de documentation ou d'analyse.

ÉTUDE DE L'ŒUVRE

Contre l'esclavage

LECTURE

Lecture linéaire (p. 29-31, l. 354-382)

Un débat au cœur de l'actualité (l. 354-362)

🏛 **1.** Pourquoi Olympe de Gouges aborde-t-elle la question de l'esclavage dans cette brochure consacrée aux femmes ? En quoi le contexte historique immédiat le justifie-t-il ?

2. Comment dénonce-t-elle d'emblée le sort des esclaves ? Quels procédés donnent plus de force à sa dénonciation ?

3. Qui accuse-t-elle des heurts survenus dans les colonies ? Pourquoi ?

Une inhumanité (l. 362-374)

4. Quelle image l'auteure donne-t-elle des colons ?

5. Comment souligne-t-elle l'injustice commise à l'égard des hommes de couleur ?

6. Pourquoi utilise-t-elle à deux reprises le mot « nature » ?

7. Comment suggère-t-elle qu'une seule solution est possible ?

Liberté, égalité... (l. 374-382)

8. D'après Olympe de Gouges, en quoi le contexte appelle-t-il expressément à un affranchissement des esclaves ?

9. L. 376-377 : l'auteure écrit à propos de la loi qu'« elle doit être la même pour tous ». Qui inclut-elle dans ce « pour tous » ?

10. Quel parallèle établit-elle à la fin de ce passage ?

Synthèse

11. Comment l'auteure défend-elle la cause des esclaves noirs ?

ÉTUDE DE L'ŒUVRE

Lecture d'image

Marie-Guillemine Benoist, *Portrait de Madeleine*,
huile sur toile (81 x 65 cm), 1800, musée du Louvre.

12. En quoi le choix de faire le portrait d'une esclave noire
affranchie est-il audacieux à l'époque ?

13. Comment l'artiste donne-t-elle de la dignité à son modèle ?

14. Quelle peut être la portée symbolique ou allégorique
de ce tableau ?

ÉTUDE DE L'ŒUVRE

Étude de la langue

Grammaire

15. P. 30, l. 362-368 : étudiez les relations dans la phrase complexe au sein de ce passage.

16. « Puisse-t-elle agir de même pour l'État de la France. » (p. 30, l. 378) : identifiez le mode et le temps du verbe. Quelle est sa valeur ?

Vocabulaire

17. Que signifie l'expression « régner en despotes » (p. 30, l. 363) ?

PATRIMOINE

18. Faites des recherches sur l'implication d'Olympe de Gouges dans le combat contre l'esclavage des Noirs. Quels textes a-t-elle écrits sur le sujet ?

19. Cherchez les textes de Montesquieu, Voltaire et de Jaucourt contre l'esclavage.

20. Faites des recherches sur le tableau de Marie-Guillemine Benoist (p. 55). Qui est le modèle ? Quels ont été les différents titres du tableau ?

EXPRESSION

Expression écrite

Dissertation

21. Le ton polémique utilisé par Olympe de Gouges est-il efficace pour lutter contre les inégalités ? Préparez quelques arguments pour traiter ce sujet de dissertation.

Carnet de lecture

22. Dans votre carnet de lecture, notez les arguments d'Olympe de Gouges contre l'esclavage. En quoi rejoignent-ils ses arguments contre la condition des femmes ?

ÉTUDE DE L'ŒUVRE

Expression orale

23. Imaginez un débat au sein de l'Assemblée nationale à l'époque de la Révolution au sujet de l'abolition de l'esclavage et mettez-le en scène en vous répartissant les rôles.

24. Pour vous entraîner à la question de grammaire à l'oral de français, préparez une réponse orale pour la question 15.

HISTOIRE
L'esclavage au XVIIIe siècle

En 1685 est institué **le Code noir**, supposé réglementer l'esclavage dans les colonies et protéger les esclaves. Toutefois, ce texte juridique s'avère surtout avantageux pour les colons, car il légitime les maltraitances que ceux-ci infligent aux esclaves. Il est par conséquent remis en cause au XVIIIe siècle et l'esclavage est **dénoncé comme une inhumanité par les penseurs des Lumières**, tels que Montesquieu, Voltaire, Diderot. Après 1789, **l'Assemblée constituante débat de la question de l'esclavage**, mais peine à trancher, car le sujet est épineux et l'enjeu économique considérable. En **mai 1791, un décret** reconnaît la citoyenneté des « gens de couleur nés de pères et mères libres ». Ce décret ne satisfait ni les esclaves ni les colons, et entraîne une insurrection violente à Saint-Domingue. C'est seulement le **4 février 1794** que la Convention vote l'**abolition de l'esclavage**, qui sera rétabli en 1802 par Napoléon. Il faudra attendre le **27 avril 1848** pour que l'esclavage soit **définitivement aboli** en France, grâce à l'action de **Victor Schœlcher**.

ÉTUDE DE L'ŒUVRE

Méthode | *Comment traiter la question de grammaire à l'oral*

L'épreuve orale de français comporte une question de grammaire, évaluée sur 2 points. Pour répondre à cette question, il faut :
– **préparer soigneusement** sa réponse au brouillon ;
– **bien délimiter** le passage / la phrase / la proposition à étudier ;
– veiller à **rappeler la règle de grammaire générale ou la définition** qui doit être convoquée pour répondre à la question ;
– **procéder de manière progressive et méthodique** : repérages des occurrences ou des constituants de la phrase ; identification de la nature et de la fonction des éléments analysés.

PARCOURS « ÉCRIRE ET COMBATTRE POUR L'ÉGALITÉ »

1. MARIE DE GOURNAY (1565-1645)
Grief des dames, 1626

« Fille d'alliance » de Montaigne, Marie de Gournay prend en charge après la mort de celui-ci la troisième édition des Essais *en 1595. Femme de lettres très érudite, elle publie des traductions d'auteurs antiques, écrit des romans, poèmes et textes autobiographiques, ainsi que des traités, comme* Égalité des hommes et des femmes *(1622), dans lequel elle affirme que « l'animal humain n'est homme ni femme ». Quatre ans plus tard, dans* Grief des dames*, court texte polémique, elle s'érige contre le mépris auquel les femmes de lettres sont exposées.*

Bienheureux es-tu, lecteur, si tu n'es point de ce sexe, qu'on interdit de tous les biens, l'interdisant de la liberté : oui qu'on interdit encore à peu près, de toutes les vertus, lui soustrayant[1] le pouvoir, en la modération duquel la plupart d'elles[2] se forment ; afin de lui constituer pour seule félicité[3], pour vertus souveraines[4] et seules[5], ignorer, faire le sot et servir. Bienheureux derechef[6], qui[7] peux être sage[8] sans crime[9] : ta qualité d'homme te concédant[10], autant qu'on les défend aux femmes, toute action, tout jugement, et toute parole juste, et le crédit[11] d'en être cru, ou pour le moins écouté. Mais afin de taire pour ce coup les autres griefs[12] de ce sexe ; de quelle insolente façon est-il[13] ordinairement traité, je vous prie, aux conférences[14], autant

---

1. *Lui soustrayant* : le privant de.
2. *La plupart d'elles* : la plupart d'entre elles (les vertus).
3. *Félicité* : source de bonheur.
4. *Souveraines* : suprêmes.
5. *Seules* : uniques.
6. *Derechef* : de nouveau.
7. *Qui* : toi qui.
8. *Sage* : savant, instruit.
9. *Sans crime* : sans qu'on t'en fasse reproche.
10. *Concédant* : accordant.
11. *Crédit* : assurance, confiance.
12. *Griefs* : préjudices.
13. *Il s'agit du sexe féminin.*
14. *Conférences* : débats opposant des intellectuels.

qu'il s'y mêle ? Et suis[1] si peu, ou pour mieux dire si fort glorieuse, que je ne crains pas d'avouer, que je le sais de ma propre expérience. Eussent les Dames[2] ces puissants arguments de Carneades[3], il n'y a si chétif[4], qui ne les rembarre[5] avec approbation de la plupart des assistants, quand avec un souris[6] seulement, ou quelque petit branlement[7] de tête, son éloquence muette aura dit : C'est une femme qui parle. [...] Un autre s'arrêtant par faiblesse à mi-chemin, sous couleur[8] de ne vouloir pas importuner personne de notre robe[9], sera dit victorieux et courtois ensemble[10]. Un autre, derechef, bien qu'il estimât une femme capable de soutenir une dispute[11], ne croira pas que sa bienséance[12] lui permette de présenter un duel légitime à cet esprit[13] ; d'autant qu'il la loge en[14] la bonne opinion du vulgaire[15], lequel méprise le sexe en ce point-là.

QUESTIONS

1. Pourquoi Marie de Gournay estime-t-elle que le lecteur est « bienheureux » s'il est un homme ?

2. Comment montre-t-elle que les femmes ne sont pas considérées et prises au sérieux dans les débats entre intellectuels ?

1. *Suis* : je suis.
2. *Eussent les Dames* : même si les Dames avaient.
3. *Carneades* : (219 av. J.-C.-128 av. J.-C.) philosophe grec.
4. *Il n'y a si chétif* : il n'y a pas d'homme, aussi chétif soit-il.
5. *Rembarre* : s'oppose vigoureusement à.
6. *Souris* : sourire.
7. *Branlement* : mouvement.
8. *Sous couleur* : sous prétexte.
9. *Personne de notre robe* : une personne de notre sexe portant robe.
10. *Ensemble* : en même temps.
11. *Dispute* : débat.
12. *Bienséance* : honneur.
13. *À cet esprit* : contre cet esprit féminin.
14. *D'autant qu'il la loge en* : d'autant plus qu'il la [sa bienséance] définit selon.
15. *Vulgaire* : individu sans éducation.

2. FRANÇOIS POULLAIN DE LA BARRE (1647-1723)
De l'égalité des deux sexes, 1673

Poullain de la Barre, penseur cartésien, publie anonymement plusieurs traités dénonçant les préjugés sexistes dont sont victimes les femmes : De l'égalité des deux sexes *(1673),* De l'éducation des dames *(1674), et, avec un titre antiphrastique,* De l'excellence des hommes contre l'égalité des sexes *(1675). Il s'attache notamment à démontrer l'absurdité des arguments avancés par ceux qui affirment l'infériorité des femmes.*

Il n'y a rien de plus ordinaire que de trouver dans les Auteurs que les femmes sont moins parfaites et moins nobles que les hommes : mais pour des raisons[1] on n'y en voit point. Et il y a grande apparence qu'ils en ont été persuadés comme le vulgaire. Les femmes n'ont point de part[2] avec nous aux avantages extérieurs, comme les sciences et l'autorité, en quoi l'on met communément la perfection : donc elles ne sont pas si parfaites que nous. Pour en être convaincu sérieusement, il faudrait montrer qu'elles n'y sont pas admises, parce qu'elles n'y sont pas propres[3]. Mais cela n'est pas si aisé qu'on s'imagine, et il ne sera pas difficile de faire voir le contraire dans la suite, et que cette erreur vient de ce qu'on n'a qu'une idée confuse de la perfection et de la noblesse.

Tous les raisonnements de ceux qui soutiennent que le beau Sexe n'est pas si noble, ni si excellent que le nôtre, sont fondés sur ce que les hommes étant les maîtres, on croit que tout est pour eux ; et je suis assuré qu'on croirait tout le contraire, encore plus fortement, c'est-à-dire que les hommes ne sont que pour les femmes, si elles avaient toute l'autorité, comme dans l'Empire des Amazones[4].

Il est vrai qu'elles n'ont ici que les emplois[5] qu'on regarde comme les plus bas. Et il est vrai aussi qu'elles n'en sont pas moins à estimer, selon la religion et la raison. Il n'y a rien de bas que le vice ni de grand que la vertu ; et les femmes faisant paraître plus de vertu que

---

1. *Raisons* : arguments.
2. *Part* : partage.
3. *Propres* : aptes.
4. *Amazones* : peuple de femmes guerrières dans la mythologie grecque.
5. *Emplois* : fonctions, tâches.

les hommes, dans leurs petites occupations, méritent plus d'être estimées. Je ne sais même si à regarder simplement leur emploi ordinaire, qui est de nourrir et d'élever les hommes dans leur enfance, elles ne sont pas dignes du premier rang dans la société civile.

'

QUESTIONS

1. La thèse selon laquelle les femmes sont inférieures aux hommes est-elle démontrée logiquement d'après Poullain de la Barre ?

2. Sur quel postulat contestable cette thèse repose-t-elle, selon lui ?

3. Comment le dernier paragraphe renverse-t-il les valeurs communément admises ?

3. MONTESQUIEU (1689-1755)
Lettres persanes, 1721

Dans ce roman épistolaire, Usbek, un Persan venu à Paris, échange des lettres avec ses amis restés en Perse et l'une des femmes de son harem, Roxane. Dans la dernière lettre du roman, celle-ci lui révèle sa trahison avant de mourir.

LETTRE CLXI

ROXANE À USBEK

À Paris.

Oui, je t'ai trompé ; j'ai séduit tes eunuques[1] ; je me suis jouée de ta jalousie ; et j'ai su, de ton affreux sérail[2], faire un lieu de délices et de plaisirs.

Je vais mourir : le poison va couler dans mes veines. Car que ferais-je ici, puisque le seul homme qui me retenait à la vie[3] n'est plus ? Je meurs ; mais mon ombre s'envole bien accompagnée : je viens d'envoyer devant moi ces gardiens sacrilèges qui ont répandu le plus beau sang du monde.

Comment as-tu pensé que je fusse assez crédule pour m'imaginer que je ne fusse dans le monde que pour adorer tes caprices ? que, pendant que tu te permets tout, tu eusses le droit d'affliger[4] tous mes désirs ? Non ! J'ai pu vivre dans la servitude, mais j'ai toujours été libre : j'ai réformé tes lois sur celles de la nature, et mon esprit s'est toujours tenu dans l'indépendance.

Tu devrais me rendre grâces encore du sacrifice que je t'ai fait ; de ce que je me suis abaissée jusqu'à te paraître fidèle ; de ce que j'ai lâchement gardé dans mon cœur ce que j'aurais dû faire paraître à toute la terre ; enfin de ce que j'ai profané la vertu en souffrant[5] qu'on appelât de ce nom ma soumission à tes fantaisies.

---

1. *Eunuques* : hommes castrés chargés de servir les femmes dans les harems d'Orient.
2. *Sérail* : harem.
3. Il s'agit de son amant secret.
4. *Affliger* : accabler.
5. *Souffrant* : tolérant.

Tu étais étonné de ne point trouver en moi les transports de l'amour : si tu m'avais bien connue, tu y aurais trouvé toute la violence de la haine.

Mais tu as eu longtemps l'avantage de croire qu'un cœur comme le mien t'était soumis. Nous étions tous deux heureux : tu me croyais trompée, et je te trompais.

Ce langage, sans doute, te paraît nouveau. Serait-il possible qu'après t'avoir accablé de douleurs, je te forçasse encore d'admirer mon courage ? Mais c'en est fait : le poison me consume ; ma force m'abandonne ; la plume me tombe des mains ; je sens affaiblir jusqu'à ma haine ; je me meurs.

Du sérail d'Ispahan, le 8 de la lune de Rebiab[1] I, 1720.

PARCOURS BAC

QUESTIONS

1. Quelle trahison Roxane a-t-elle commise ? Comment ?

2. Comment montre-t-elle à Usbek que son pouvoir sur elle n'était qu'illusoire ?

3. En quoi cette lettre révèle-t-elle la force de caractère insoupçonnée de Roxane ?

1. *Lune de Rebiab* : allusion au calendrier lunaire utilisé en Perse.

4. CHODERLOS DE LACLOS (1741-1803)
Les Liaisons dangereuses, 1782

Dans ce roman épistolaire, deux libertins, la marquise de Merteuil et le vicomte de Valmont, se confient mutuellement leurs conquêtes amoureuses et rivalisent de perversité et d'immoralité. Dans la lettre ci-dessous, la marquise de Merteuil cherche à prouver à Valmont que le rapport inégal entre hommes et femmes contraint ces dernières à faire preuve d'adresse et de ruse.

LETTRE LXXXI
La marquise de Merteuil au vicomte de Valmont

[...] Croyez-moi, Vicomte, on acquiert rarement les qualités dont on peut se passer. Combattant sans risque, vous devez agir sans précaution. Pour vous autres hommes, les défaites ne sont que des succès de moins. Dans cette partie si inégale, notre fortune[1] est de ne pas perdre, et votre malheur de ne pas gagner. Quand je vous accorderais autant de talents qu'à nous, de combien encore ne devrions-nous pas vous surpasser, par la nécessité où nous sommes d'en faire un continuel usage !

Supposons, j'y consens, que vous mettiez autant d'adresse à nous vaincre que nous à nous défendre ou à céder, vous conviendrez au moins qu'elle vous devient inutile après le succès. Uniquement occupé de votre nouveau goût, vous vous y livrez sans crainte, sans réserve : ce n'est pas à vous que sa durée importe.

En effet, ces liens[2] réciproquement donnés et reçus, pour parler le jargon de l'amour, vous seul pouvez, à votre choix, les resserrer ou les rompre : heureuses encore, si dans votre légèreté, préférant le mystère à l'éclat, vous vous contentez d'un abandon humiliant, et ne faites pas de l'idole de la veille la victime du lendemain.

Mais qu'une femme infortunée sente la première le poids de sa chaîne, quels risques n'a-t-elle pas à courir, si elle tente de s'y soustraire, si elle ose seulement la soulever ? Ce n'est qu'en tremblant

---

1. *Fortune* : chance.
2. *Liens* : liens amoureux.

qu'elle essaie d'éloigner d'elle l'homme que son cœur repousse avec effort. S'obstine-t-il à rester, ce qu'elle accordait à l'amour, il faut le livrer à la crainte :

« *Ses bras s'ouvrent encore, quand son cœur est fermé* ».[1]

Sa prudence doit dénouer avec adresse ces mêmes liens que vous auriez rompus. À la merci de son ennemi, elle est sans ressource, s'il est sans générosité[2] : et comment en espérer de lui, lorsque, si quelquefois on le loue d'en avoir, jamais pourtant on ne le blâme d'en manquer ? [...]

PARCOURS BAC

QUESTIONS

1. Pourquoi la marquise de Merteuil écrit-elle que « la partie est inégale » entre hommes et femmes ?

2. Comment montre-t-elle que les femmes sont condamnées à être victimes de l'inconstance des hommes ?

3. Quelles qualités doivent-elles déployer pour échapper à ce sort injuste ?

1. Citation inventée par Laclos.
2. *Générosité* : indulgence.

5. CHODERLOS DE LACLOS (1741-1803)
De l'éducation des femmes, 1783

Dans ce discours, Choderlos de Laclos répond au concours organisé en 1783 par l'Académie de Châlons-sur-Marne, avec la question : « Quels seraient les meilleurs moyens de perfectionner l'éducation des femmes ? »

Ô femmes ! approchez et venez m'entendre. Que votre curiosité, dirigée une fois sur des objets utiles, contemple les avantages que vous avait donnés la nature et que la société vous a ravis[1]. Venez apprendre comment, nées compagnes de l'homme, vous êtes devenues son esclave ; comment, tombées dans cet état abject[2], vous êtes parvenues à vous y plaire, à le regarder comme votre état naturel ; comment enfin, dégradées de plus en plus par votre longue habitude de l'esclavage, vous en avez préféré les vices avilissants[3] mais commodes aux vertus plus pénibles d'un être libre et respectable. Si ce tableau fidèlement tracé vous laisse de sang-froid, si vous pouvez le considérer sans émotion, retournez à vos occupations futiles. Le mal est sans remède, les vices se sont changés en mœurs. Mais si au récit de vos malheurs et de vos pertes, vous rougissez de honte et de colère, si des larmes d'indignation s'échappent de vos yeux, si vous brûlez du noble désir de ressaisir vos avantages, de rentrer dans la plénitude de votre être, ne vous laissez plus abuser par de trompeuses promesses, n'attendez point les secours des hommes auteurs de vos maux : ils n'ont ni la volonté, ni la puissance de les finir, et comment pourraient-ils vouloir former des femmes devant lesquelles ils seraient forcés de rougir ? Apprenez qu'on ne sort de l'esclavage que par une grande révolution. Cette révolution est-elle possible ? C'est à vous seules à le dire puisqu'elle dépend de votre courage. Est-elle vraisemblable ? Je me tais sur cette question ; mais jusqu'à ce qu'elle soit arrivée, et tant que les hommes régleront votre sort, je serai autorisé à dire, et il me sera facile de prouver qu'il n'est aucun moyen de perfectionner l'éducation des femmes.

---

1. *Ravis* : dérobés.
2. *Abject* : qui inspire le dégoût.
3. *Avilissants* : dégradants.

Partout où il y a esclavage, il ne peut y avoir éducation ; dans toute société, les femmes sont esclaves ; donc la femme sociale n'est pas susceptible d'éducation. Si les principes de ce syllogisme[1] sont prouvés, on ne pourra nier la conséquence. Or, que partout où il y a esclavage il ne puisse y avoir éducation, c'est une suite naturelle de la définition de ce mot ; c'est le propre de l'éducation de développer les facultés, le propre de l'esclavage est de les étouffer ; c'est le propre de l'éducation de diriger les facultés développées vers l'utilité sociale, le propre de l'esclavage est de rendre l'esclave ennemi de la société. Si ces principes certains pouvaient laisser quelques doutes, il suffit pour les lever de les appliquer à la liberté. On ne niera pas apparemment qu'elle ne soit une des facultés de la femme et il implique que la liberté puisse se développer dans l'esclavage ; il n'implique pas moins qu'elle puisse se diriger vers l'utilité sociale puisque la liberté d'un esclave serait nécessairement une atteinte portée au pacte social fondé sur l'esclavage. Inutilement voudrait-on recourir à des distinctions ou des divisions. On ne peut sortir de ce principe général que sans liberté point de moralité et sans moralité point d'éducation.

> **QUESTIONS**

1. Pourquoi Laclos s'adresse-t-il aux femmes au seuil de ce discours ?

2. De quoi veut-il les convaincre ?

3. Que veut montrer Laclos avec le raisonnement logique qu'il développe dans le deuxième paragraphe ?

---

1. *Syllogisme* : raisonnement logique.

6. NICOLAS DE CONDORCET (1743-1794)
Sur l'admission des femmes au droit de cité, 1790

Mathématicien, philosophe, académicien et homme politique, Condorcet s'élève contre l'esclavage des Noirs, plaide pour une réforme du système éducatif, prône l'égalité des droits entre les sexes. En octobre 1791, il est élu député de l'Assemblée législative aux côtés des Girondins. En 1793, il est condamné pour ses positions politiques opposées aux Jacobins et il meurt dans sa cellule en mars 1794.

Il serait difficile de prouver que les femmes sont incapables d'exercer les droits de cité[1]. Pourquoi des êtres exposés à des grossesses, et à des indispositions passagères[2], ne pourraient-ils exercer des droits dont on n'a jamais imaginé de priver les gens qui ont la goutte[3] tous les hivers, et qui s'enrhument aisément ? En admettant dans les hommes une supériorité d'esprit qui ne soit pas la suite nécessaire[4] de la différence d'éducation (ce qui n'est rien moins que prouvé, et ce qui devrait l'être, pour pouvoir, sans injustice, priver les femmes d'un droit naturel), cette supériorité ne peut consister qu'en deux points. On dit qu'aucune femme n'a fait de découverte importante dans les sciences, n'a donné de preuves de génie dans les arts, dans les lettres, etc. ; mais sans doute, on ne prétendra point n'accorder le droit de cité qu'aux seuls hommes de génie. On ajoute qu'aucune femme n'a la même étendue de connaissances, la même force de raison que certains hommes ; mais qu'en résulte-t-il, qu'excepté une classe peu nombreuse d'hommes très éclairés, l'égalité est entière entre les femmes et le reste des hommes ; que cette petite classe mise à part, l'infériorité et la supériorité se partagent également entre les deux sexes. Or puisqu'il serait complètement absurde de borner à cette classe supérieure le droit de cité, et la capacité d'être chargé des fonctions publiques, pourquoi en exclurait-on les femmes, plutôt que ceux des hommes qui sont inférieurs à un grand nombre de femmes ?

---

1. *Droits de cité* : droits civiques, en particulier droit de vote.
2. *Indispositions passagères* : allusion aux menstruations.
3. *Goutte* : maladie qui touche les articulations et se manifeste par crises.
4. *Nécessaire* : logique.

Enfin, dira-t-on qu'il y ait dans l'esprit ou dans le cœur des femmes quelques qualités[1] qui doivent les exclure de la jouissance de leurs droits naturels ? Interrogeons d'abord les faits. Élisabeth d'Angleterre[2], Marie Thérèse[3], les deux Catherine de Russie[4], ont prouvé que ce n'était ni la force d'âme, ni le courage d'esprit qui manquaient aux femmes.

QUESTIONS

1. Comment Condorcet montre-t-il qu'il est absurde et injuste d'exclure les femmes du droit de cité ?

2. Les femmes sont-elles inférieures aux hommes selon lui ?

3. Lui semblent-elles inaptes à gouverner ?

4. La démarche argumentative de Condorcet est-elle efficace et convaincante ?

1. *Qualités* : traits spécifiques.
2. *Elisabeth d'Angleterre* : reine d'Angleterre de 1558 à 1603, réputée pour son autorité.
3. *Marie-Thérèse* : Marie-Thérèse d'Autriche, épouse de Louis XIV et reine de France et de Navarre de 1660 à 1683.
4. *Les deux Catherine de Russie* : Catherine Ire, impératrice de Russie de 1725 à 1727, et Catherine II, impératrice de Russie de 1762 à 1796.

Texte complémentaire
Déclaration des droits de l'homme et du citoyen **de 1789**

Les Représentants du Peuple Français, constitués en Assemblée Nationale, considérant que l'ignorance, l'oubli ou le mépris des droits de l'Homme sont les seules causes des malheurs publics et de la corruption des Gouvernements, ont résolu d'exposer, dans une Déclaration solennelle, les droits naturels, inaliénables et sacrés de l'Homme, afin que cette Déclaration, constamment présente à tous les Membres du corps social, leur rappelle sans cesse leurs droits et leurs devoirs ; afin que les actes du pouvoir législatif, et ceux du pouvoir exécutif, pouvant être à chaque instant comparés avec le but de toute institution politique, en soient plus respectés ; afin que les réclamations des citoyens, fondées désormais sur des principes simples et incontestables, tournent toujours au maintien de la Constitution et au bonheur de tous.

En conséquence, l'Assemblée Nationale reconnaît et déclare, en présence et sous les auspices de l'Être suprême, les droits suivants de l'Homme et du Citoyen.

Art. 1er. Les hommes naissent et demeurent libres et égaux en droits. Les distinctions sociales ne peuvent être fondées que sur l'utilité commune.

Art. 2. Le but de toute association politique est la conservation des droits naturels et imprescriptibles de l'Homme. Ces droits sont la liberté, la propriété, la sûreté, et la résistance à l'oppression.

Art. 3. Le principe de toute Souveraineté réside essentiellement dans la Nation. Nul corps, nul individu ne peut exercer d'autorité qui n'en émane expressément.

Art. 4. La liberté consiste à pouvoir faire tout ce qui ne nuit pas à autrui : ainsi, l'exercice des droits naturels de chaque homme n'a de bornes que celles qui assurent aux autres Membres de la Société la jouissance de ces mêmes droits. Ces bornes ne peuvent être déterminées que par la Loi.

Art. 5. La Loi n'a le droit de défendre que les actions nuisibles à la Société. Tout ce qui n'est pas défendu par la Loi ne peut être empêché, et nul ne peut être contraint à faire ce qu'elle n'ordonne pas.

Art. 6. La Loi est l'expression de la volonté générale. Tous les Citoyens ont droit de concourir personnellement, ou par leurs Représentants, à sa formation. Elle doit être la même pour tous, soit qu'elle protège, soit qu'elle punisse. Tous les Citoyens étant égaux à ses yeux sont également admissibles à toutes dignités, places et emplois publics, selon leur capacité, et sans autre distinction que celle de leurs vertus et de leurs talents.

Art. 7. Nul homme ne peut être accusé, arrêté ni détenu que dans les cas déterminés par la Loi, et selon les formes qu'elle a prescrites. Ceux qui sollicitent, expédient, exécutent ou font exécuter des ordres arbitraires, doivent être punis ; mais tout citoyen appelé ou saisi en vertu de la Loi doit obéir à l'instant : il se rend coupable par la résistance.

Art. 8. La Loi ne doit établir que des peines strictement et évidemment nécessaires, et nul ne peut être puni qu'en vertu d'une Loi établie et promulguée antérieurement au délit, et légalement appliquée.

Art. 9. Tout homme étant présumé innocent jusqu'à ce qu'il ait été déclaré coupable, s'il est jugé indispensable de l'arrêter, toute rigueur qui ne serait pas nécessaire pour s'assurer de sa personne doit être sévèrement réprimée par la loi.

Art. 10. Nul ne doit être inquiété pour ses opinions, même religieuses, pourvu que leur manifestation ne trouble pas l'ordre public établi par la Loi.

Art. 11. La libre communication des pensées et des opinions est un des droits les plus précieux de l'Homme : tout Citoyen peut donc parler, écrire, imprimer librement, sauf à répondre de l'abus de cette liberté dans les cas déterminés par la Loi.

Art. 12. La garantie des droits de l'Homme et du Citoyen nécessite une force publique : cette force est donc instituée pour l'avantage de tous, et non pour l'utilité particulière de ceux auxquels elle est confiée.

Art. 13. Pour l'entretien de la force publique, et pour les dépenses d'administration, une contribution commune est indispensable : elle doit être également répartie entre tous les citoyens, en raison de leurs facultés.

Art. 14. Tous les Citoyens ont le droit de constater, par eux-mêmes ou par leurs représentants, la nécessité de la contribution publique, de la consentir librement, d'en suivre l'emploi, et d'en déterminer la quotité, l'assiette, le recouvrement et la durée.

Art. 15. La Société a le droit de demander compte à tout Agent public de son administration.

Art. 16. Toute Société dans laquelle la garantie des Droits n'est pas assurée, ni la séparation des Pouvoirs déterminée, n'a point de Constitution.

Art. 17. La propriété étant un droit inviolable et sacré, nul ne peut en être privé, si ce n'est lorsque la nécessité publique, légalement constatée, l'exige évidemment, et sous la condition d'une juste et préalable indemnité.

LEXIQUE

A

Abyme (mise en) : procédé qui consiste à insérer une œuvre dans une autre (théâtre dans le théâtre ; roman dans le roman ; tableau dans un tableau...).

Acmé : au théâtre, paroxysme de l'intrigue, tension extrême.

Allégorie : figure de style dans laquelle une notion abstraite est représentée sous une forme concrète.

Allitération : effet sonore créé par la répétition d'une ou plusieurs consonnes dans une suite de mots proches.

Analepse : dans un récit, retour en arrière pour rappeler des événements passés.

Anaphore : figure de style dans laquelle le même mot (ou le même groupe de mots) est repris en début de phrase ou de vers.

Antiphrase : figure de style dans laquelle est sous-entendu le contraire de ce qui est dit ou écrit (procédé essentiel de l'ironie).

Antithèse : figure de style dans laquelle des mots ou des expressions d'une même phrase s'opposent (voir *oxymore*).

Aparté : au théâtre, paroles prononcées par un personnage et destinées à être entendues uniquement par le public.

Apologue : court récit à visée didactique ou morale (fable, conte...).

Apostrophe : figure de style dans laquelle une personne, un animal ou une chose (présente ou absente) est interpellée directement.

Assonance : effet sonore produit par la répétition d'une ou plusieurs voyelles dans une suite de mots proches.

C

Catharsis : fonction majeure de la tragédie. Le spectateur se libère de ses passions au travers de la représentation théâtrale.

Champ sémantique : ensemble des sens d'un mot selon différents contextes.

Connecteur logique : mot de liaison invariable qui marque les étapes d'une argumentation.

Connotation : signification secondaire associée au sens premier d'un mot (voir *dénotation*).

D

Délibératif (monologue) : dans la tragédie, longue tirade dans laquelle un personnage, confronté à un choix, hésite entre plusieurs voies possibles.

Dénotation : sens premier d'un mot ; celui qui est donné dans le dictionnaire (voir *connotation*).

Dénouement : au théâtre, fin de l'action, résolution de l'intrigue. Par extension, fin d'une histoire.

Didascalies : au théâtre, ensemble des informations données par l'auteur en dehors des répliques (lieu, époque, décors, indications de mise en scène, noms, attitudes des personnages...).

Discours : le type de discours varie selon les intentions d'un auteur (discours narratif, explicatif, argumentatif, descriptif, injonctif).

Discours rapportés : discours direct, indirect, indirect libre, narrativisé.

E

Ellipse narrative : dans un récit, événement(s) non rapporté(s) dans la narration.

Énonciation : fait de produire un discours. Ensemble des conditions dans lesquelles cet énoncé est produit (locuteur, destinataire, lieu, époque, visée des propos). Au théâtre, on parle de « **double énonciation** » car les paroles d'un personnage sont destinées aux autres personnages présents sur scène, mais également aux spectateurs. L'auteur de la pièce s'adresse, lui aussi, au public au travers de son texte.

Euphémisme : figure de style dans laquelle une réalité, considérée comme choquante ou déplaisante, est atténuée (ex. : « non-voyant » pour « aveugle »).

Excipit : dernières lignes, fin d'une œuvre.

Exergue (mettre en) : placer au début d'un texte pour présenter, expliquer (citation...).

Exposition : première(s) scène(s) d'une pièce de théâtre qui présente(nt) les personnages et l'enjeu de l'action.

F

Focalisation (ou point de vue) : angle de vue du narrateur sur les événements et les personnages d'un récit.

Focalisation externe : narration neutre et objective. Seuls les apparences et l'aspect extérieur des événements sont rapportés, comme si une caméra filmait l'action.

Focalisation interne : narration subjective. Les événements sont vus et analysés au travers du regard et du jugement d'un seul personnage.

Focalisation zéro : le narrateur est omniscient, il connaît tout sur les personnages (leurs pensées, leurs émotions...).

G

Gradation : figure de style dans laquelle les mots sont ordonnés selon une progression ascendante (du plus faible au plus fort) ou descendante (du plus fort au plus faible).

H

Hyperbole : figure de style dans laquelle une idée est mise en relief au travers de l'amplification, de l'exagération.

Hypotexte : texte source qui sert de point de départ à une réécriture (le texte produit est l'**hypertexte**).

Hypotypose : description vivante et d'une grande intensité qui donne l'impression au lecteur d'assister à la scène décrite.

I

Incipit : premières lignes, début d'une œuvre.

Intertextualité : dans un texte littéraire, ensemble des références, implicites ou explicites, à un ou plusieurs autres textes.

Introspection : réflexion sur soi, sur son être intérieur.

L

Locuteur : émetteur ou producteur d'un message (énoncé) adressé à un destinataire.

M

Métaphore : figure de style dans laquelle deux idées sont rapprochées, sans terme comparatif (ex. : « Votre âme est un paysage choisi », Verlaine).

Métonymie : figure de style dans laquelle un élément (être, objet, lieu...) est désigné par un autre en rapport avec lui (ex. : contenu désigné par le contenant).

Modalisateurs : ensemble des termes (verbes, adverbes, lexique valorisant, dévalorisant...) qui indiquent le jugement porté par le locuteur (argumentation).

Monologue intérieur : procédé narratif qui consiste à rapporter les pensées d'un personnage.

N

Narrateur : celui qui raconte l'histoire (à distinguer de l'auteur).

Nœud : au théâtre, point central d'une intrigue, moment où les personnages se heurtent à des difficultés majeures.

O

Oxymore : figure de style dans laquelle deux termes de sens contraire sont placés côte à côte.

P

Parabole : récit allégorique qui permet de dispenser un enseignement moral ou religieux.

Paradoxe : proposition contraire à la logique, au sens commun.

Paratexte : ensemble des éléments qui entourent le texte (nom de l'auteur, titre, préface, notes...).

Parodie : imitation dans un but comique.

Pastiche : écriture « à la manière de », imitation du style d'un auteur.

Périphrase : figure de style dans laquelle un mot est remplacé par une expression qui insiste sur ses caractéristiques.

Polysémie : caractère d'un mot ou d'une expression qui a plusieurs sens.

Prolepse : dans un récit, anticipation d'une situation à venir.

Q

Question oratoire (ou rhétorique) : fausse interrogation, question qui n'attend pas de réponse.

Quiproquo : malentendu, méprise (effet comique au théâtre).

R

Registre littéraire : désigne l'ensemble des moyens utilisés par l'auteur pour susciter un effet particulier, une émotion face à un texte. Les registres sont divers : comique, tragique, lyrique, épique, polémique, pathétique, satirique, didactique, épidictique (admiration ou blâme).

S

Satire : critique par le rire d'un fait de société, d'une idée, d'un vice humain, etc.

Schéma actantiel : schéma qui présente l'ensemble des rôles (**actants**) et leurs relations. Un récit est considéré comme la **quête** d'un objet par un sujet. Le **destinateur** incite le sujet (le héros) à poursuivre cette quête, qui doit bénéficier à des **destinataires**. Le **sujet** peut être aidé par des personnages (**adjuvants**) ou au contraire, il peut rencontrer des adversaires (**opposants**).

Schéma narratif : schéma qui détermine la structure d'un récit (situation initiale, événement perturbateur, péripéties, élément de résolution et situation finale).

Stichomythie : au théâtre, dialogue vif avec des répliques très courtes.

T

Thèse : point de vue défendu, opinion soutenue (dans un texte argumentatif).

Tirade : au théâtre, longue suite de phrases prononcées par un personnage.

Topos : (du grec « lieu ») cliché, lieu commun dans la littérature (ex. : le thème récurrent de la rencontre amoureuse). Au pluriel : **topoï**.

Classiques & Patrimoine

Dans la même collection, pour le lycée général et technologique et pour le lycée professionnel :

Genres et formes de l'argumentation
Apollinaire, *Alcools*
Balzac, *Le Chef-d'œuvre inconnu*
Balzac, *Le Colonel Chabert*
Balzac, *Eugénie Grandet*
Balzac, *La Fille aux yeux d'or*
Balzac, *La Peau de chagrin*
Balzac, *Le Père Goriot*
Baudelaire, *Les Fleurs du mal*
Baudelaire, *Le Spleen de Paris*
Beaumarchais, *Le Barbier de Séville*
Beaumarchais, *Le Mariage de Figaro*
Calderón, *La vie est un songe*
Corneille, *Horace*
Corneille, *L'Illusion comique*
Diderot, *Jacques le Fataliste et son maître*
Dumas, *Pauline*
Flaubert, *Madame Bovary*
Flaubert, *Un cœur simple*
Gouges, *Déclaration des droits de la femme et de la citoyenne*
Hugo, *Le Dernier Jour d'un condamné*
Hugo, *Hernani*
Hugo, *Lucrèce Borgia*
Hugo, *Les Contemplations – Livres I à IV*
Hugo, *Les Misérables*
Hugo, *Notre-Dame de Paris*
Hugo, *Pauca meæ*
Hugo, *Ruy Blas*
Huysmans, Maupassant, Mirbeau, Zola, *Nouvelles naturalistes pour interroger le réel*
La Boétie, *Discours de la servitude volontaire*
La Bruyère, *Les Caractères*
Laclos, *Les Liaisons dangereuses*
Mme de La Fayette, *La Princesse de Clèves*
Mme de La Fayette, *La Princesse de Montpensier*
La Fontaine, *Fables (lycée) – Livres VII à XI*
Marivaux, *La Dispute*
Marivaux, *La Double Inconstance*
Marivaux, *Les Fausses Confidences*
Marivaux, *L'Île des esclaves*
Marivaux, *Le Jeu de l'amour et du hasard*
Maupassant, *Bel-Ami*
Maupassant, *Boule de suif*
Maupassant, *Cinq nouvelles fantastiques*
Maupassant, *Cinq nouvelles réalistes*
Maupassant, *Les deux Horla*
Maupassant, *Mont-Oriol*
Maupassant, *Pierre et Jean*
Maupassant, *Une partie de campagne*
Maupassant, *Une vie*
Mérimée, *La Vénus d'Ille*
Molière, *L'École des femmes*
Molière, *Les Femmes savantes*
Molière, *Le Malade imaginaire*
Molière, *Le Misanthrope*
Molière, *Le Tartuffe*
Montaigne, *Essais*
Montesquieu, *Lettres persanes*
Musset, *Fantasio*
Poe, *Quatre histoires extraordinaires*
Rabelais, *Gargantua*
Racine, *Andromaque*
Racine, *Bérénice*
Racine, *Britannicus*
Racine, *Iphigénie*
Racine, *Phèdre*
Rimbaud, *Poèmes*
Shakespeare, *Hamlet*
Shakespeare, *La Mégère apprivoisée*
Shakespeare, *Othello*
Shakespeare, *Roméo et Juliette*
Shakespeare, *Le Songe d'une nuit d'été*
Shelley, *Frankenstein*
Sophocle, *Antigone*
Stendhal, *Le Rose et le Vert*
Stoker, *Dracula*
Swift, *Voyage à Lilliput*
Tchekhov, *Une demande en mariage* suivie du *Tragédien malgré lui*
Verlaine, *Fêtes galantes* suivi de *Romances sans paroles*
Verne, *Le Tour du monde en 80 jours*
Voltaire, *Candide*
Voltaire, *Dictionnaire philosophique portatif*
Voltaire, *Jeannot et Colin*
Voltaire, *Micromégas*
Voltaire, *Traité sur la tolérance*
Voltaire, *Zadig*
Wilde, *Le Portrait de Dorian Gray*
Zola, *Au Bonheur des Dames*
Zola, *Germinal*
Zola, *J'accuse...!*
Zola, *L'Œuvre*
Zola, *Portraits de femmes – Neuf nouvelles naturalistes*
Zola, *Le Rêve*

Classiques & Patrimoine

Retrouvez nos autres titres transdisciplinaires de la collection !

Conception graphique : Muriel Ouziane et Yannick Le Bourg
Édition : Béatrix Lot
Illustration des frises : Benjamin Strickler
Réalisation de l'infographie : Yannick Le Bourg
Réalisation : Nord Compo, Villeneuve-d'Ascq
Crédits iconographiques : Couverture et rabats : Photo Josse/Leemage cadre : © Martial Lorcet ; rabat, p. 38 : BNF ; p. 7 : CC0 Paris Musées/Musée Carnavalet ; p. 37 : CC0 Paris Musées/Musée Carnavalet ; p. 42 : casterman ; p. 47 : Gift of Julia A. Berwind ; p. 51 : Photo Josse/Leemage ; p. 55 : Photo Josse/Leemage
ISBN : 978 2 210 77216 8

© Éditions Magnard, 2021.
www.classiquesetpatrimoine.magnard.fr

Achvé d'imprimer en octobre 2021 par Rotolito en Italie
Numéro d'éditeur : MAGSI20210843 - Dépôt légal : Juin 2021

Certifié PEFC
Ce produit est
issu de forêt gérées
durablement et
de sources contrôlées
www.pefc.it

PEFC
PEFC/18-31-103